CARTAS PÔNTICAS

CARTAS PÔNTICAS
Ovídio

Introdução, tradução e notas de
GERALDO JOSÉ ALBINO

Revisão da tradução
ZELIA DE ALMEIDA CARDOSO

wmf **martinsfontes**

SÃO PAULO 2009

Título original latino: EPISTULAE EX PONTO
Copyright © 2009, Editora WMF Martins Fontes Ltda.,
São Paulo, para a presente edição.

1ª edição 2009

Tradução
GERALDO JOSÉ ALBINO

Revisão da tradução
Zelia de Almeida Cardoso
Acompanhamento editorial
Luciana Veit
Revisões gráficas
Solange Martins
Daniela Lima
Produção gráfica
Geraldo Alves
Paginação/Fotolitos
Studio 3 Desenvolvimento Editorial

Dados Internacionais de Catalogação na Publicação (CIP)
(Câmara Brasileira do Livro, SP, Brasil)

Ovídio, 43 A.C.-18.
  Cartas Pônticas / Ovídio ; introdução, tradução e notas de Geraldo José Albino ; revisão da tradução Zelia de A. Cardoso. – São Paulo : Editora WMF Martins Fontes, 2009.

  Título original: Expistulae ex Ponto.
  Bibliografia.
  ISBN 978-85-7827-043-8

  1. Ovídio, 43 A.C.-18 – Correspondência 2. Poetas latinos – Correspondência I. Albino, Geraldo José. II. Título.

08-05118   CDD-871.01

Índices para catálogo sistemático:
1. Poetas latinos : Cartas   871.01
2. Poetas latinos : Correspondência   871.01

Todos os direitos desta edição reservados à
Editora WMF Martins Fontes Ltda.
Rua Conselheiro Ramalho, 330 01325-000 São Paulo SP Brasil
Tel. (11) 3241.3677 Fax (11) 3101.1042
e-mail: info@wmfmartinsfontes.com.br http://www.wmfmartinsfontes.com.br

Índice

Introdução IX
   Ovídio: síntese biográfica IX
   Obras principais XIII
   A presente tradução das Cartas pônticas XXIII

Livro I 1
Livro II 41
Livro III 79
Livro IV 115

Bibliografia 165

*Para Eleusa, minha querida esposa, Leandro,
Ana Carolina e Leonardo, meus filhos e primeiros
leitores destas comoventes epístolas ovidianas.*

*Para Ingeborg Braren e Zelia de Almeida Cardoso,
sempre prontas a me ajudar, minha gratidão.*

Introdução

Ovídio: síntese biográfica

Públio Ovídio Nasão (*Publius Ovidius Naso*) nasceu em 43 a.C. em Sulmona (*Sulmo*), pequena cidade situada na região de Abruzzos, na Itália central, a 90 milhas de Roma (cf. *Tr.* IV 10, 3 ss.)[1].

A aprendizagem da leitura e da escrita deu-se na cidade natal. Aos 13 anos, provavelmente, partiu com o irmão, um ano mais velho, para Roma, onde estudou gramática e retórica com os retores M. Pórcio Latro e Arélio Fusco.

Queria o pai, pertencente à ordem eqüestre (cf. *Amores* II 1, 1; III 15, 3-8 e *P.* IV 14, 49), que os filhos se distinguissem na carreira política e nos tribunais. No entanto, enquanto o primogênito, nascido para os debates forenses, se inclinava para as profissões ligadas às magistraturas, Ovídio sentia-se irresistivelmente atraído para a poesia. Tudo que lhe saía da pena era quase sempre verso. O pai procurava combater tal vocação que, segundo ele, nenhuma vantagem lhe iria trazer porquanto o próprio Homero morrera na pobreza.

---

1. Nas citações das obras de Ovídio são utilizadas as abreviaturas convencionais: *Tr.* (*Tristia*); *P.* (*Epistulae ex Ponto*); *Met.* (*Metamorphoseon libri*).

Aos 17 anos, Ovídio revestiu a toga viril com o laticlávio próprio dos cavaleiros que aspiravam às funções senatoriais. Aos 18 anos, partiu para a Grécia, em companhia de um amigo muito caro, o poeta Pompeu Macro (cf. *P.* II 10), para complementar e aprimorar em Atenas os conhecimentos até então adquiridos. Visitou também cidades da costa da Ásia Menor e a Sicília. De volta a Roma, perdeu o irmão, que mal acabara de completar 20 anos.

Ovídio exerceu os postos de decênviro (cf. *Tr.* II 93-96), triúnviro e centúnviro (cf. *P.* III 5, 23-24). Quando as portas do Senado se abriam para ele, confessa que não nutria a menor ambição pelo cobiçado posto de senador por se tratar de um cargo superior às suas forças, uma vez que seu organismo e seu espírito, afeitos ao ócio, sentiam cada vez mais ojeriza à vida pública. Renuncia à toga laticlávia e se contenta com a angusticlávia, de simples cavaleiro, para entregar-se de corpo e alma à poesia que, segundo observa, é a única que sobrevive, e em confronto com a qual são inferiores as riquezas, a glória e o poder dos reis.

Casou-se adolescente, divorciando-se pouco depois, porquanto, segundo nos revela, sua primeira mulher, talvez uma jovem conterrânea, não reunia os predicados de uma digna e útil companheira. Da segunda, natural de Falérias, cidade da Etrúria, teve uma filha, Ovídia, que lhe deu dois netos. Fábia, a terceira esposa, com quem se casou por volta dos 40 anos, era uma viúva da nobre família dos Fábios (cf. *P.* I 2, 136). Tinha uma filha, Perila, que contraiu matrimônio com Suílio Rufo (cf. *P.* IV 8), preceptor de Germânico.

Ovídio participava do círculo literário fundado pelo orador Marco Valério Messala Corvino que agrupava muitos poetas notáveis do tempo. Ansioso por aparecer diante de um público mais numeroso, leu trechos de sua obra no quadro das recitações públicas (*recitationes publicae*) organizadas periodicamente pela escola ou coro dos poetas (*schola poetarum/ chorus poetarum*) sob a égide de Baco. A poesia elegíaca de conteúdo amoroso florescia mercê do talento de poetas como Cornélio Galo, Tibulo e Propércio.

Após ensaios épicos e trágicos, torna-se o intérprete do regozijo de viver das classes privilegiadas que gozavam dos benefícios da paz, da cultura e da riqueza. Sob a influência de Tibulo e Propércio, começa a escrever elegias de caráter amoroso. A inspiração, procura-a não só na obra destes corifeus da poesia elegíaca romana, mas também nos trágicos gregos, em Homero, nos helenísticos Calímaco e Apolônio de Rodes, em Catulo e Virgílio. Seu estro era admirado pelos próprios cavaleiros romanos, que tinham seu retrato incrustado no anel. Gozava da amizade dos grandes poetas da época. As odes de Horácio o fascinavam. Propércio, que para ele é o terceiro poeta elegíaco, recitava-lhe seus poemas. Ele lamenta não ter tido a oportunidade de se aproximar de Virgílio e de Tibulo, que morreram no ano 19 a.C. quando tinha já 24 anos.

Ovídio afirma que obteve em vida honras e glórias que só são concedidas postumamente (cf. *Tr.* IV 10, 121-122). Seus poemas, contudo, muitas vezes licenciosos, lhe acarretaram a ira do imperador que, no dia 20 de novembro do ano 8 d.C., o condenou à relegação no afastado porto de Tomos, situado à margem ocidental do mar Negro, na extremidade oriental do Império. Ovídio regressa de Elba a Roma, onde passa sua última noite em companhia da família e amigos mais próximos e ao amanhecer inicia a viagem ao desterro. A condenação significava o abandono da pátria e dos seres queridos, uma cruel metamorfose ontológica nos aspectos físico e espiritual. Apesar dos sofrimentos, sobreviveu quase uma década às duras condições climáticas e de vida do lugar ao qual foi relegado, o gélido país dos getas, homens absolutamente estranhos aos romanos, uns autênticos bárbaros. De nada valeram suas reiteradas e comoventes súplicas à esposa e amigos, visando a obter de Augusto ou Tibério o perdão e o regresso a Roma ou, ao menos, a comutação do lugar de seu degredo. Faleceu em Tomos, já sexagenário, no ano 17 da era cristã.

Nem Ovídio, nem outro escritor contemporâneo trataram objetivamente das razões que levaram Otávio Augusto a castigar de maneira tão desumana o engenhoso poeta. Ele atribui a sua condenação a duas acusações que teriam sido feitas contra ele: o caráter dos seus poemas licenciosos (*carmina*), especialmente da *Ars amandi* ou *Ars amatoria* – apesar de esta obra ter sido publicada 12 anos antes da sentença! – e um erro (*error*), talvez o de ter visto e favorecido algum escândalo na corte. Sobre este erro fala sempre com expressões ambíguas e veladas, para não renovar a dor do soberano (cf. *Tr.* II 207-208) cuja clemência, ao lhe preservar a vida, não cessa de exaltar.

Muitos têm sido os pretextos e as especulações arroladas até hoje para elucidar a relegação de Ovídio. A razão precisa, impossível de adivinhar, sobre a qual é vão discutir, a sua real falta, segundo Émile Ripert, é mais clara: é de ter sido poeta e de não ter pretendido ser senão isto, e de o ter afirmado amiúde com altivez[2].

....
2. E. Ripert, *Ovide, poète de l'amour, des dieux et de l'exil*, Paris, Librairie Garnier Frères, 1921, p. 185.

Obras principais

A primeira coletânea de elegias eróticas de Ovídio, escritas entre seus 20 e 25 (23-18 a.c.), intitula-se *Amores (Amores)*. Foi publicada inicialmente em cinco livros e, depois, condensada em três, por volta de 14 a.c. Nela o poeta canta seus amores (ou melhor, simula-os como seus!) por várias mulheres, em especial por uma chamada Corina. As 49 elegias que compõem esta obra são dispostas de tal forma que o poema mostra uma unidade, como se fosse uma história de amor com começo, meio e fim. Mais tarde ele nos revela que tal musa é nome fictício ou de empréstimo, que existia só em sua fantasia, sem nenhuma realidade precisa (cf. *Tr.* IV 10, 56-60). Ao criar tal personagem, o poeta, incapaz de envolver-se emocionalmente com uma só mulher, quis celebrar todas as mulheres de Roma, consoante seus gostos, temperamento e imaginação[3].

A segunda coletânea de elegias amorosas em dísticos elegíacos, segundo os cânones alexandrinos, conhecida por *Heróides (Heroidum epistolae)*, apresenta um caráter inovador: o tom epistolar. Trata-se de um conjunto de cartas poéticas, literalmente as "cartas de heroínas", em que mulheres legendárias, como Penélope, Fedra e Dido, ou também personagens reais como Safo, escrevem aos maridos ou amantes distantes. Inicialmente eram 14 cartas que tiveram três edições entre os anos 20 e 16 a.C. Por volta do ano 8 d.C., mais sete se acresceram à obra: a da

---
3. N. Lascu, *Ovide*. Le Poète exilé à Tomi, Musée d'Archéologie de Constantza, (s/d), p. 31.

poetisa Safo, três de heróis mitológicos (Páris, Leandro e Acôncio) e outras três com as respostas das heroínas (Helena, Hero e Cidipe) aos respectivos amantes. Tais personagens podem assemelhar-se às mulheres da época, às voltas com a vaidade, a frivolidade e o mundanismo. Profundo conhecedor da psicologia feminina, o poeta caracteriza-as, imprimindo-lhes os mais diversos sentimentos próprios do ser humano, como angústia, desespero, desejos de vingança e morte, desencadeados pela desilusão amorosa das heroínas abandonadas pelos amantes. Os elementos retóricos, com insistentes alusões mitológicas, reforçam os *exempla*, isto é, os modelos a serem seguidos ou evitados. A etopéia é mais freqüente nas 15 primeiras cartas, nos solilóquios amorosos. A *suasoria* aparece praticamente em todas, se se pensar no desespero das heroínas tentando persuadir os amantes ou maridos a voltarem e a cumprirem o que haviam prometido. A *controversia* pode-se verificar em várias passagens, em especial na correspondência entre Acôncio e Cidipe[4].

Sucede a estas cartas *A arte de amar* (*Ars amatoria* ou *Ars amandi*), composta entre 1 a.C. e 2 d.C. É uma obra em três livros, num total de 1165 dísticos, com a qual Ovídio se impõe, em definitivo, já aos 42 anos. O cunho aparentemente didático é só pretexto para uma criação artística. Tudo converge para uma construção sistemática de táticas amorosas cujo instrumento principal é a linguagem retórica, que proporciona ao leitor um mergulho na arte da persuasão. Nos dois primeiros livros o homem, que quer e deseja a conquista, será o alvo das atenções:

....
4. Zelia de Almeida Cardoso, *A literatura latina* (Ed. rev.), São Paulo, Martins Fontes, 2003, p. 80.

o poeta ensina-lhe os meios de procurar, de conquistar e de conservar o amor de uma mulher. Já no terceiro e último da série, o procedimento se inverte: a mulher, que pretende ser a conquistadora, será o alvo das atenções: a ela, o poeta, explorando todo tipo de recursos retóricos, se predispõe a ensinar a arte da sedução. Ele escreve para todas, belas e feias, talvez mais para estas, que precisam de mais artifícios, que devem aprender a esconder seus defeitos. Faz parte, como sempre, o uso da mitologia para apologizar os *exempla* e estabelecer comparações com o comportamento de cada indivíduo da sociedade, ávida de transgressões.

Os *Cosméticos* (*De Medicamine Faciei Femineae*), também em dísticos elegíacos, obra da qual se conserva um fragmento de 100 versos, visam a introduzir as mulheres nos assuntos sobre cosméticos e maquiagens, com receitas para melhorar a pele, embelezar os cabelos e outros artifícios que levam à conservação da beleza, atrativo maior da conquista amorosa. O poeta pretende conquistar leitoras entre as mulheres mais conceituadas, dando a entender que o uso de certos produtos de beleza não é incompatível com a dignidade feminina.

Remédios do amor (*Remedia amoris*), último escrito erótico de Ovídio, perfazendo 814 dísticos, é classificado como apêndice natural da *Ars amatoria*[5]. Trata-se de outro poema com intuito didático, em que se oferecem conselhos aos que se esforçam para se livrar das armadilhas do amor. Assim, se a *Ars* ensina como amar, os *Remedia*,

....
5. N. Lascu, *op. cit.*, p. 41.

ao contrário, se constituem numa espécie de antídoto contra a paixão amorosa. Segundo Antônio da Silveira Mendonça, é impossível não ver também nesta obra a presença do código retórico na própria estrutura do poema (*exordium, tractatio, peroratio*), nas digressões (*excursus*), especialmente nas que encerram a profissão de fé elegíaca (v. 391-396) e na descrição estilizada da natureza com introdução, desenvolvimento e conclusão, nas apóstrofes, nas interrogações, nos elementos de diatribe, nas antonomásias, na pequena jóia de convencimento (*suasoria*) que é o monólogo de Circe[6]. Publicada pouco depois de *A arte de amar*, com propósitos palinódicos, Ovídio teria composto esta obra em resposta às críticas que a *Ars* suscitara e talvez para desfazer a má impressão que havia provocado em determinados setores. O poeta, agora, mostra ser possível curar-se do amor e, em muitos casos, a cura se torna compulsória.

As obras que tratam de argumentos mitológicos e concernentes à história e à religião romanas são as *Metamorfoses* (*Metamorphoseon libri*) e os *Fastos* (*Fasti* ou *Fastorum libri*).

As *Metamorfoses*, a obra mais extensa do autor, distribuem-se em 15 livros, em versos hexâmetros. Mesclando gêneros e subgêneros, Ovídio canta, em cerca de 250 histórias mitológicas, as transformações (*mutatas formas*) pelas quais os seres passam desde a sua origem[7]. O poema começa com a descrição da origem do mundo, que

---
6. Ovídio, *Os Remédios do amor. Os cosméticos para o rosto da mulher* (Tradução, introdução e notas: Antônio da Silveira Mendonça), São Paulo, Nova Alexandria, 1994, pp. 14-6.
7. E. Ripert, *op. cit.*, p. 185.

se dá a partir de uma massa disforme (*chaos*) e termina com a metamorfose de César em cometa – símbolo de sua divinização – e a posterior apoteose de Augusto. Ao que parece, o poeta, ao partir para o desterro, indignado com seus dotes poéticos, responsáveis pela sua condenação, teria lançado as *Metamorfoses* às chamas, as quais só se conservaram mercê de algumas cópias de que dispunham seus leitores (cf. *Tr.* IV 10, 61-64; I 1, 118; I 7, 15 ss.).

Os *Fastos*, compostos entre 2 e 8 d.C., em dísticos elegíacos, caracterizam-se pelo tom didático. O autor, entre outros temas, procura explicar o calendário romano, sua origem, a denominação dos meses, o motivo das festas religiosas, a origem dos rituais, os locais de sua realização. É, talvez, uma das obras que melhor testemunham a vida religiosa de Roma, com suas histórias, festas e divindades. Ela ficou incompleta. Dos 12 livros, um para cada mês do ano, consoante o projeto original, Ovídio chega à metade, o mês de junho, antes de partir para o desterro. Em Tomos, ele revisa os seis livros que acabaram compondo a obra e a dedica a Germânico, sobrinho de Tibério.

Já no exílio, Ovídio produz, talvez, a mais autêntica elegia romana no sentido etimológico do termo que expressa pranto, dor e melancolia.

Os *Cantos tristes* (*Tristia*), compreendendo cinco livros, foram compostos entre os anos 8 e 12 de nossa era. No primeiro livro, escrito no caminho para Tomos, mais precisamente durante a passagem pelo mar Negro, o poeta relata a sua partida de Roma, a sua viagem para o desterro e o inverno rigoroso que suportou durante a travessia do Egeu e do Adriático, com tormentas perigosas para a navegação. O segundo constitui-se de uma única elegia, de 289 dísticos, dirigida a Augusto, com o escopo de defender a *Ars* e suplicar um desterro mais favorável. Nos três outros, discorre sobre sua melancolia por ter que viver numa região de clima rigoroso exposta às invasões dos bárbaros. Os dedicatários desta coletânea, à exceção de Augusto, Fábia e Perila, não são explicitados, quer por serem inimigos, quer para evitar qualquer repreensão que viesse de Roma para atrapalhar de vez a sua intenção de para lá retornar.

As *Cartas pônticas* (*Epistulae ex Ponto*), em quatro livros, compostos entre os anos 12 e 16, reúnem 47 elegias, perfazendo 1637 dísticos. O quarto livro aparece em edição póstuma. A novidade desta obra reside em sua forma epistolar bem definida. Como destinatários, além de Fábia, à qual dirigiu duas epístolas, destacam-se figuras ilustres da nobreza, da política e das letras. São elas: Bruto, I 1 (80 versos), III 9 (56 versos) e IV 6 (50 versos); Fábio Máximo, I 2 (152 versos), III 3 (108 versos) e III 8 (24 versos); Rufino, I 3 (94 versos) e III 4 (114 versos); a esposa, I 4 (58 versos) e III 1 (166 versos); Cota Máximo, I 5 (86 versos), I 9 (56 versos), II 3 (100 versos), II 8 (76 versos), III 2 (110 versos) e III 5 (58 versos); Grecino, I 6 (54 versos), II 6 (38 versos) e IV 9 (134 versos); Messalino, I 7 (70 versos) e II 2 (128 versos); Severo, I 8 (74 versos); Flaco, I 10 (44 versos); Germânico, II 1 (68 versos); Ático, II 4 (34 versos) e II 7 (84 versos); Salano, II 5 (76 versos); Cótis, II 9 (80 versos); Macro, II 10 (52 versos); Rufo, II 11 (28 versos); Sexto Pompeu, IV

1 (36 versos), IV 4 (50 versos), IV 5 (46 versos) e IV 15 (42 versos); Cornélio Severo, IV 2 (50 versos); Vestal, IV 7 (54 versos); Suílio, IV 8 (90 versos); Albinovano, IV 10 (84 versos); Galião, IV 11 (22 versos); Tuticano, IV 12 (50 versos) e IV 14 (62 versos) e Caro, IV 13 (50 versos).

Como se vê, alguns foram contemplados com mais de uma missiva: Bruto, Fábio Máximo e Grecino, com três; Sexto Pompeu, com quatro; Rufino, Fábia, Messalino, Ático e Tuticano, com duas; Cota Máximo, com seis.

F. Della Corte classifica os destinatários em quatro categorias: os nobres: Fábio Máximo, Cota Máximo, Messalino, Sexto Pompeu e Germânico; os poderosos: Grecino, Ático, Flaco, Cótis e Vestal; os literatos: Bruto, Rufino, Tuticano, Severo, Cornélio Severo, Salano, Macro, Albinovano, Galião e Caro; e os parentes: Fábia, Rufo e Suílio[8]. Jacques André, por sua vez, divide-os em dois grupos, o primeiro é constituído, além de Germânico, por personalidades políticas e militares influentes. Seis foram ou serão cônsules: Messalino, Fábio Máximo, Cota Máximo, Sexto Pompeu, Flaco e Grecino; mais próximos de Ovídio, no espaço, estão o rei Cótis da Trácia e o centurião Vestal, dos quais se aguardava assistência mais rápida. Em seguida, os que se dedicavam às artes liberais: retores como Galião e Salano, advogados como Bruto e, talvez, Rufino e sobretudo poetas, como Albinovano, Cornélio Severo, Caro, Macro e Tuticano. A poesia era também representada no primeiro grupo por Cota Máximo e Cótis[9].

----

8. F. Della Corte (org.), *Ovidio I Pontica, Volumme Secondo*, Gênova, Tilgher-Genova, 1965, p. 16.

9. Ovide, *Pontiques* (Texto estabelecido e traduzido por Jacques André), Paris, Les Belles Lettres, 1977, p. XXXI.

Segundo o poeta, a forma epistolar teria sido permitida pelo *princeps*, que, por volta do ano 12 d.C., o teria autorizado a mencionar os nomes dos entes que lhe eram caros, sem que estes viessem a sofrer represálias (cf. *P.* III 6, 11-12; 51-52). Apenas quatro epístolas são anônimas: a III 6, *Ad amicum celato nomine*: A um amigo de nome não revelado; a III 7, *Ad amicos*: Aos amigos; a IV 3, *Ad ingratum*: A um ingrato; e a IV 16, *Ad inuidum*: A um invejoso, epístola que encerra a coletânea.

A obra é formada por dois grupos: o primeiro é constituído pelos livros I-III, o outro pelo livro IV, critério de agrupamento semelhante ao das *Odes* de Horácio, das elegias de Propércio e das *Geórgicas* de Virgílio.

Na produção elegíaca do desterro superabundam os louvores e as adulações a Augusto e, por extensão, a Lívia, a Tibério, a toda a casa imperial. Muitos acusaram Ovídio de servilismo porém, para o espírito da época, tais manifestações não devem ser consideradas anômalas, pouco excedendo às do círculo imediato ao imperador. São mais explicáveis e justificáveis por partirem de um infeliz poeta lutando de todos os modos não só para obter o perdão e o regresso mas sobretudo para assegurar a própria sobrevivência. Afinal, que custava a Augusto, importunado por suas reiteradas queixas e instigado por Tibério e Lívia, ordenar a qualquer momento que ele fosse banido de vez da face da terra? Eis por que Ovídio celebra tantas vezes a magnanimidade de Augusto, que lhe poupou a vida, não o condenando com o exílio mas com a relegação, o que lhe permitiu conservar os bens e os direitos civis, salvo o de livre residência. Lembra Marache que não se deve condená-lo ouvindo-o, máxime em se tratando de um poeta da sua índole e formação, dirigir-se ao imperador como o rei dos deuses[10], o próprio Júpiter, diante do qual tremem as plagas do nascente ao poente (I 4, 29-30), o novo celícola entre os astros da abóbada celeste (IV 6, 17-20; 9, 125-134).

É principalmente na fusão dos subgêneros elegíaco e epistolar que reside boa parte da originalidade das *Cartas pônticas*. Enquanto cartas, oferecem informações interessantes sobre a paisagem, o clima, a vida e os costumes da região do Ponto Euxino, as atividades militares, as populações da extremidade nordeste do Império, a insegurança da região. Por outro lado, ao refletir sobre a inopinada transformação que se operou em sua existência a partir do momento em que foi fulminado pelo raio de Júpiter, não cessa de apologizar, entre outras virtudes, a amizade e a fidelidade dos seus raros amigos, *unus et alter, duo tresue, tresue duosue*, que não lhe deram as costas na fatalidade: compartilha com o espírito do regozijo de alguns no êxito em suas ocupações, repreende quem não lhe escreve, agradece algum serviço, pranteia alguma morte, sublima os vínculos de harmonia e união entre os amantes das artes liberais, a inteligência, o direito de expressão, a dignidade do espírito e das obras do espírito, a imortalidade da arte sobre toda força humana, a função terapêutica da poesia como refúgio, consolo, distração e antídoto contra a solidão espiritual.

Nem todas as informações sobre a índole e a selvageria dos autóctones, o clima, a pobreza e a insegurança da região devem ser tomadas literalmente[11], porém são

---

10. R. Marache, "La révolte d'Ovide exilé contre Auguste", *Ovidiana, Recherches sur Ovide*, Paris, 1958, p. 414.

11. E. Lozovan, "Ovide et le biliguisme", *Ovidiana, Recherches sur Ovide*, Paris, 1958, p. 398. Esta não é a opinião de M. Ch. Favez, que afirma

relevantes para a criação de contrastes e contraposições, visando a realçar a análise de atitudes e disposições, afetos e estados de alma. É como poeta que sempre fez questão de ser – não como historiador ou profissional de outra área – que Ovídio elabora seu "diário da dor", num tom grave, desesperado e doloroso, muito além do amor, do erotismo e das paixões[12].

O talento e a habilidade na conciliação de elementos retóricos e poéticos aparentemente inajustáveis[13], o emprego quase excessivo de elementos mitológicos para reforçar os *exempla*, a capacidade e a versatilidade para dar vida artística a quaisquer argumentos em qualquer contexto, a naturalidade e a evidência pictórica das imagens, a riqueza e a fluência da língua, o andamento e a facilidade harmoniosa do verso, a vivacidade desenvolta do estilo são aspectos que Ovídio continua perseguindo nas elegias do desterro, em que pesem suas constantes queixas, em seu isolamento cultural, em relação à ausência de condições propícias para a elaboração de obras com a mesma qualidade literária anterior.

Ovídio escreveu ainda, entre 9 e 11 d.C., *Íbis* (*Ibis* ou *In Ibin*), sátira de 642 versos, contra um desafeto, que propunha a Augusto o confisco dos bens do poeta em

....

que tais poemas do desterro constituem um documento de incontestável valor, ao mesmo tempo pitoresco e preciso. Cf. C. Favez, "Les Gètes et leur pays vus par Ovide", *Latomus*, Bruxelas, 1951, p. 429.

12. Y. Bouynot, *La poésie d'Ovide dans les oeuvres de l'exil* (Tese de dout.), Paris, 1956, p. 355.

13. J. G. Vásquez, *Tristes. Pónticas* (Introducción, traducción y notas), Madri, Gredos, 1992, pp. 33 ss.; Publio Ovídio Nasón. *Epístolas desde El Ponto* (Introducción, versión rítmica y notas de José Quiñones Melgoza), Cidade do México, Universidad Autónoma de México, 1978, pp. CXXIII-CLXVI.

Roma. Formalmente Ovídio imita o poema homônimo de Calímaco contra Apolônio de Rodes. Não se sabe, porém, ao certo, quem é essa pessoa que ele ataca com espantosa violência e que recebe o nome da ave mitológica íbis, de hábitos imundos e que se alimenta de excrementos e de restos de comida.

Haliêutica (*Halieuticon*), em hexâmetros datílicos, pequeno tratado didático sobre a pesca praticada na região, do qual restam os 134 versos iniciais, e *A Nogueira* (*Nux*), poema com 182 versos, completam as obras que Ovídio compôs no desterro.

A presente tradução das Cartas pônticas

Na dissertação que antecede nosso trabalho de tradução, valemo-nos de textos fundamentais sobre literatura latina, especialmente *Ovide – Le Poète exilé à Tomi*, de N. Lascu, *Pontiques*, de Jacques André, *Tristes. Pônticas*, de J. G. Vásquez, *O livro de Catulo*, de J. A. Oliva Neto, *A literatura latina*, de Zelia de Almeida Cardoso, *Ovídio, I Pontica – Volumme Secondo*, de F. Della Corte, *A literatura de Roma*, de G. D. Leoni, além de outros arrolados na bibliografia que se encontra no final deste livro.

O texto que serviu de base para a nossa tradução foi o estabelecido por Jacques André e publicado em Paris, em 1977, pela editora Les Belles Lettres, embora tenhamos consultado paralelamente trabalhos similares, dentre os quais o de E. Ripert, *Les Tristes – Les Pontiques – Ibis – Le Noyer – Halieutiques*, Paris, 1924, o de F. Della Corte, *Pontica*, Gênova, 1965, o de J. Quinõnes Melgoza, *Epístolas desde el Ponto*, México, 1978, e o de J. G. Vásquez, *Tristes. Pônticas*, Madri, 1992.

Para as notas esclarecedoras, além dos autores citados, utilizamos, entre outros, o *Dictionnaire de la mythologie grecque et romaine*, de P. Grimal, e o *Dicionário Oxford de Literatura Clássica grega e latina*, de P. Harvey (traduzido por Mário da Gama Kury); imprescindíveis foram as epopéias homéricas, a *Eneida* de Virgílio e as próprias obras ovidianas.

Procuramos, na medida do possível, respeitar o texto latino tanto no seu conteúdo como na sua expressão. Sem a pretensão de reproduzir os recursos estéticos empregados pelo autor, traduzimos seus dísticos à prosa.

Toda epístola traduzida é precedida de uma síntese introdutiva que contém informações sobre seu destinatário e as circunstâncias em que foi composta.

Esperamos que nosso esforço para tornar mais conhecidas estas autênticas elegias, nas proximidades do bimilenário de sua composição, não tenha sido inútil. Que as *Cartas pônticas* não sejam omitidas nos futuros compêndios de ensino do Latim e coletâneas de poetas e prosadores da Antiguidade. Ovídio, o mais completo dos poetas elegíacos latinos, convicto da imortalidade de sua obra, não se considerava inferior a nenhum outro escritor de sua época (*Tr.* IV 10, 41-54): *in toto plurimus orbe legor* (*ibid.*,128) [sou o mais lido em todo o mundo]. Que a leitura destas epístolas, portanto, seja mais um atrativo para o reavivamento do gosto pelas obras clássicas.

LIVRO I

1. A Bruto

Esta epístola, escrita entre os anos 12 e 13 d.C., serve de prólogo à coletânea formada pelos três *peregrini libelli* das *Epistulae ex Ponto*. Ela é contemporânea do epílogo dirigido ao mesmo Bruto (cf. *P.* III 9). Brilhante orador, um dos poucos amigos que permaneceram fiéis ao poeta (cf. *Tr.* I 7 e *P.* IV 6, 28 ss.), Bruto era também um crítico sincero de algum defeito das elegias do desterro, como a monotonia. Temendo que estes castos poemas não sejam acolhidos nas bibliotecas públicas (cf. *Tr.* III 1, 65 ss.), Ovídio pede a Bruto que os proteja sob seu teto. Este se encarregaria de sua edição como fizera, talvez, com a das *Metamorfoses*.

Nasão, que já não é mais um recém-chegado ao território de Tomos, envia-te esta obra do litoral gético. Se dispuseres de tempo, Bruto, recebe como hóspedes estes modestos livros que chegam de uma terra estrangeira e guarda-os onde quiseres, contanto que em algum lugar. Eles não se atrevem a entrar nos edifícios públicos com receio de que o nome do autor lhes tenha interditado o acesso. Ah! Quantas vezes lhes disse: "Por certo nada ensinais de obsceno. Ide! Está aberta a entrada a tais lugares aos castos poemas!" No entanto, deles não se avizinham mas, como tu mesmo vês, julgam mais seguro ocultar-se sob o teto de um particular.

Procuras onde colocá-los sem comprometer os demais? O lugar onde figurava a *Ars* está disponível. Talvez também, surpreso pela própria novidade, queiras saber por que vêm. Recebe-os, tais como se apresentam, porquanto não tratam de amor. Comprovarás que esta obra, conquanto seu título não inspire compaixão, não é menos triste que a que publiquei anteriormente[1]. Igual nos temas, ela difere no título e as epístolas, sem ocultar os nomes, indicam para quem foram dirigidas. Conquanto vós não o queirais, não podeis impedi-lo e minha Musa, mesmo contra a vossa vontade, vem prestar-vos uma homenagem. Qualquer que seja seu valor, acresce esta obra às minhas outras produções. Nada impede que os filhos de um exilado desfrutem da permanência na *Urbs*, desde que observem suas leis. Não há por que temeres: lêem-se os escritos de Antônio e se podem obter as caixas do douto Bruto[2]. E não me julgo tão insano para me comparar a tão ilustres nomes mas, ao menos, não empunhei as cruéis armas contra os deuses. Enfim, nenhum de meus livros deixa de prestar ao César uma homenagem, embora ele mesmo não a deseje. Se suspeitas de minha pessoa, acolhe os louvores aos deuses e, após apagares meu nome, guarda meu poema. Se na guerra um ramo da pacífica oliveira é suficiente para nos proteger, não me serviria de nada mencionar o autor da paz[3]? Quando Enéias trazia o pai sobre os ombros, diz-se que as chamas por si mesmas abriram caminho para o herói. Meu livro traz um descendente de Enéias e todas as vias não se abririam para ele? Aliás, este é o Pai da Pátria[4], enquanto aquele só foi o de Enéias. Acaso há alguém tão audaz que obri-

---

1. Os *Tristia*.
2. Alusão aos escritos do triúnviro Marco Antônio, autor de panfletos contra Augusto, e aos de Marco Júnio Bruto, famoso orador, assassino de Júlio César.
3. O "autor da paz" é Augusto, assim chamado por ter posto fim ao longo período de guerras civis, que haviam ocorrido nos dois primeiros terços do século I a.C., e por haver inaugurado uma nova era de paz.
4. O título de "Pai da Pátria" foi outorgado pelo Senado a Augusto no dia 5 de fevereiro do ano 2 a.C.

gue a retirar-se do seu umbral o homem de Faros cuja mão agita o sonoro sistro[5]? Quando, diante da Mãe dos deuses[6], o músico toca sua flauta recurva, quem lhe nega um pequeno óbolo de bronze? Sabemos que Diana não exige nada disto[7], entretanto seu adivinho dispõe do que viver. As mesmas vontades dos deuses movem nossos espíritos e não é nada torpe deixar-se dominar por símil credulidade.

Eis que eu, em lugar do sistro e da flauta de buxo frígio, trago os nomes sagrados da família Júlia. Como profeta vos exorto: dai lugar ao que traz cousas sagradas! Não é para mim, porém para uma grande divindade que vo-lo peço, e não creiais que, por ter eu merecido ou sofrido a ira do príncipe, ele não queira ser homenageado por mim. Eu mesmo vi assentar-se diante das aras isíacas alguém confessando ter ofendido a divindade de Ísis vestida de linho. Outro, reduzido à cegueira por uma falta semelhante, gritava no meio da rua que o havia merecido. Os deuses gostam de que se façam publicamente tais declarações, que comprovem com seu testemunho quanto poder têm suas divindades. Amiúde reduzem a pena e restituem a visão àqueles da qual haviam privado, quando vêem que estão completamente arrependidos de suas faltas. Oh! eu me arrependo; se se pode confiar em algo num desgraçado, eu me arrependo e, por meu feito, eu mesmo me torturo. Por mais doloroso que seja para mim o exílio, minha falta o é ainda mais, e sofrer meu

---

5. Alusão ao culto da deusa egípcia Ísis, introduzido em Roma no começo do século I a.C., e que se difundiu principalmente entre as mulheres.

6. A "Mãe dos deuses" ou a Grande Mãe (*Magna Mater*) é Cibele, filha de Titéia (a Terra) e de Celo (o Céu).

7. A deusa Diana, assimilada à Ártemis grega, deusa da caça e da castidade, filha de Júpiter e de Latona, irmã mais velha de Apolo.

castigo é menos doloroso que havê-lo merecido. Embora os deuses, dos quais ele é o mais manifesto, me sejam favoráveis, meu castigo pode ter fim, todavia minha culpa durará eternamente. A morte, sem dúvida, quando chegar, fará que eu deixe de ser um exilado, contudo a morte não fará também que eu não haja cometido uma falta. Não se estranhe, pois, que minha alma se desagregue e se dissolva como a neve que se desfaz em água. Como a nave apodrecida é devorada por invisíveis carcomas, como as ondas salgadas do pélago socavam os escolhos, como o ferro abandonado é atacado pela corrosiva ferrugem, como o livro encerrado no arquivo é consumido pela traça, assim meu coração ressente as contínuas chagas das preocupações, pelas quais será consumido sem fim. Estes tormentos não abandonarão a minha alma senão com a vida, e aquele que sofre morrerá antes que a própria dor. Se os deuses, aos quais tudo pertence, dessem crédito a estas minhas palavras, seria eu talvez julgado digno de receber uma modesta ajuda e seria transferido para um lugar livre do arco dos citas.

Se eu pedisse mais que isto seria impudente.

2. A Fábio Máximo

Paulo Fábio Máximo, filho do cônsul Quinto Fábio Máximo, é um dos destinatários mais importantes não só pelo número como pela extensão das cartas a ele dirigidas. Ele era um dos poucos que poderiam obter de Otávio Augusto o perdão para Ovídio ou sua transferência para uma localidade menos belicosa. Pertencente a uma ilustre família, com antepassados como Fábio Cunctátor e Paulo Emílio, era casado com Márcia, prima-irmã do *princeps*. Com ela mantinha Fábia sólida amizade (*Tr.* I 6, 25 e *P.* III 1, 75-78). Cônsul no ano 11, Fábio Máximo morreu no ano 14 d.C., pouco antes de Augusto. Com sua morte, Ovídio se considera órfão de amparo e ajuda (*P.* IV 6, 9-14).

Esta epístola foi composta no final do ano 12 ou começo do 13 d.C. (cf. v. 26).

Máximo, tu que enches a medida de um tão grande nome e que duplicas tua linhagem com a nobreza de tua alma, tu, em favor de quem, para que pudesses nascer, o dia que viu perecer os trezentos Fábios não os arrebatou, entretanto, a todos até o último[8], talvez queiras saber quem te envia esta epístola e desejarás estar suficientemente seguro de que sou eu quem se comunica contigo. Pobre de mim! Que farei? Receio que, tendo lido meu nome, assumas uma postura severa e leias a seqüência com sentimento hostil. Tu verás! Atrever-me-ei a confessar que te escrevi***[9] eu que, embora reconheça ter merecido um castigo mais severo, mal consigo suportar sofrimentos mais graves.

....

8. Alusão à guerra contra os babitantes de Veyos, no ano 479 a.C., quando todo um destacamento composto de membros da *gens Fabia* foi aniquilado na batalha de Crêmera, sobrevivendo um menino que permanecera em Roma para perpetuar a linhagem dos Fábios (*Fastos* II, 193-242).

9. Sinais utilizados sempre que houver lacuna no texto latino.

Vivo no meio de inimigos e cercado de perigos como se, junto com a pátria, a paz me houvera sido arrebatada. Para tornar duplamente mortíferas suas cruéis feridas, eles untam todos os seus dardos com veneno de víbora. Provida destas armas, sua cavalaria circula à volta de nossas muralhas estarrecidas, como lobos rondando à volta do recinto onde estão encurraladas as ovelhas. Uma vez que retesaram o nervo de cavalo de seu ligeiro arco, este permanece sempre destinado a distender-se. Os tetos eriçam-se recobertos de setas que neles se cravam e mal nos defende contra suas armas uma porta solidamente aferrolhada. Acresce a isto o aspecto do lugar desprovido de folhagens e de árvores, e o fato de que o inverno, que a tudo paralisa, sucede sem interrupção a outro inverno. Aqui o quarto inverno me fatiga digladiando-me contra o frio, contra as flechas e contra meu destino. Minhas lágrimas não cessam de correr a não ser quando as detém o embotamento e um torpor semelhante à morte se apossa de meu coração.

Ditosa Níobe[10] que, apesar de ter contemplado tantas mortes, foi transformada em rocha e perdeu a sensibilidade à dor! Venturosas vós também cujas bocas, clamando pelo irmão, as envolveu um álamo com seu novo córtex[11]! Eu sou aquele que não é admitido em nenhum lenho; eu sou aquele que debalde pretende converter-se em pedra. A própria Medusa, se se apresentasse aos meus

----
10. Níobe, filha de Tântalo, cujos sete filhos e sete filhas foram mortos por Apolo e Diana, e cujo marido, Anfião, se suicidou, foi transformada numa pedra negra.

11. Referência às Helíades, filhas do Sol e de Clímene, que choraram a morte do irmão Faetonte, fulminado por Zeus. Elas se converteram em álamos (*Tr.* III 4, 29-30 e *Met.* 2, 340-66).

olhos, a própria Medusa perderia seus poderes[12]. Vivo para jamais ver-me livre das amaras sensações e meu castigo torna-se mais penoso por sua longa duração. Assim o fígado de Tício, que jamais se consome e renasce continuamente, não perece para poder continuar perecendo repetidas vezes[13].

Penso, porém, que, com a chegada do sono, paz e alívio geral para as inquietações, surge a noite desprovida dos males habituais. Aterram-me, no entanto, os sonhos reproduzindo as minhas reais desgraças e meus sentidos velam para me atormentar. Imagino-me ou me esquivando das flechas sármatas ou entregando as mãos prisioneiras às cruéis algemas ou, iludido pela imagem de um sono melhor, contemplo os telhados de minha pátria abandonada e me dirijo demoradamente ora a vós, amigos a quem venerei, ora à minha querida esposa. Após ter sentido tão efêmero quão irreal prazer, a lembrança desse bem-estar torna-me pior a presente situação. Assim, pois, seja quando a luz do dia ilumina minha mísera cabeça, seja quando são conduzidos os cavalos da Noite cobertos de escarcha, meu peito se desfaz por contínuas preocupações, como ocorre com a cera nova quando o fogo dela se aproxima.

Invoco amiúde a morte e amiúde também eu mesmo trato de rechaçá-la, a fim de que não cubra meus os-

---

12. Medusa, uma das três Górgonas e a mais cruel, ousou rivalizar em formosura com Minerva. Foi transformada num monstro cujos cabelos eram serpentes e cujo olhar petrificava todos os que fossem objetos dele. Foi morta por Perseu com a ajuda de Minerva.

13. O gigante Tício, por ter pretendido violar Latona, foi fulminado pelo raio de Júpiter e sepultado por este nos infernos, onde duas águias (ou serpentes) lhe devoravam o fígado que ia renascendo continuamente com as fases da lua.

sos a terra sarmática. Quando me ocorre à mente quão grande é a clemência de Augusto, creio poderem ser oferecidas praias acolhedoras a este náufrago. Quando vejo, nada obstante, quão implacável é meu destino, sinto-me alquebrado e minha leve esperança se esvai vencida por um forte temor. Não espero nem solicito, porém, nada mais senão poder deixar este lugar ao qual fui relegado para minha desgraça. Ou isto ou nada é o que a tua influência poderia intentar com prudência por mim, sem comprometer a tua honorabilidade.

Encarrega-te, Máximo, mestre da eloqüência da língua latina, da benévola defesa desta difícil causa. É má, admito-o, porém, se tu a defenderes, tornar-se-á boa: profere ao menos algumas amenas palavras de piedade em prol deste miserável desterrado.

Na verdade, César desconhece, embora um deus seja onisciente, quais são as condições de vida nesta remota região. Grandes esforços pelos assuntos públicos ocupam sua divindade. Tal preocupação fica, assim, em plano inferior em seu espírito divino. Ele não dispõe de tempo para inquirir em que país vivem os habitantes de Tomos (lugares apenas conhecidos pelos getas, seus confinantes) ou o que fazem os sármatas, os bárbaros iáziges[14], a terra de Táurida devota da deusa de Orestes[15] e outros povos que, mal o inverno converte em gelo a corrente do Istro, cruzam sobre seus velozes cavalos a solidificada superfície do rio. A maior parte destes seres não se preo-

---

14. Os getas habitavam o Baixo Danúbio. Os sármatas se espalhavam entre o Dom e o Danúbio. Os iáziges formavam um ramo dos sármatas.

15. Orestes, tendo sido reconhecido pela irmã Ifigênia, que ia imolá-lo sobre o altar de Diana, fugiu de Táurida levando a estátua da deusa, de onde a expressão *dea Orestea* para designar Diana (cf. *P.* III 2).

cupa contigo, formosíssima Roma, e não temem as armas dos soldados da Ausônia[16]. O que lhes dá coragem são seus arcos e suas aljavas guarnecidas, seus cavalos treinados para os mais longos percursos e o fato de que aprenderam a suportar por muito tempo a fome e a sede, e que o inimigo ao seu encalço não encontrará nenhuma água.

A cólera desse amável varão não me haveria desterrado para esta região se a tivesse conhecido melhor. Não lhe apraz que eu ou algum outro romano, e menos eu a quem ele mesmo poupou a vida, se torne prisioneiro do inimigo. Não quis, embora o pudesse, arruinar-me com um simples movimento de cabeça. Ele não precisa de nenhum geta para me tirar a vida. Não encontrou, porém, nenhuma ação minha que justificasse a minha morte e pode estar menos hostil do que esteve. Nada fez tampouco a não ser o que eu próprio o obriguei a fazer, e talvez sua indignação esteja mais branda pelo que eu mereci. Façam, pois, os deuses, entre os quais ele, em particular, é o mais indulgente, que a terra nutrícia não produza nada maior que o César e, assim como esteve submetida a ele por longo tempo, prossiga estando às ordens do César, e que seja deixada por herança às mãos desta família!

Tu, porém, diante de um juiz tão sereno cuja bondade eu já senti, eleva a voz em favor de minhas lágrimas. Não lhe peças que em meu desterro eu esteja bem mas que esteja mal, porém mais seguro e distante do bárbaro inimigo; que esta vida outorgada por divindades pro-

---

16. A Ausônia era uma comarca da Itália que abrangia a zona ribeirinha da Campanha e parte da zona meridional do Lácio. O poeta utiliza com freqüência este nome para designar a Itália em geral.

pícias, um esquálido geta não desembainhe sua espada para ma arrebatar; que, por último, se vier a morrer, repouse num solo mais pacífico e que meus ossos não os cubra a terra cítica; que minhas cinzas mal inumadas, como costumam ficar as de um desterrado, não as pisoteiem os cascos de um cavalo bistônio[17] e que, se subsiste ainda alguma consciência após os funerais, não venha aterrar meus manes a sombra de algum sármata!

Estas palavras, ao serem ouvidas, poderiam comover o coração do César, ó Máximo, se antes comovessem o teu. Que a tua voz, eu o peço, que costuma socorrer os trêmulos réus, enterneça em meu favor os ouvidos de Augusto! Que a suavidade habitual de tuas doutas palavras dobre o coração de um homem que se deve igualar aos deuses.

Não é a Teromedonte[18], nem ao sangüinário Atreu[19] que deverás implorar, ou àquele que fazia dos homens pasto de seus cavalos[20], mas a um príncipe lento para o castigo, pronto para a recompensa, que sofre por ver-se forçado a ser severo, que sempre venceu para poder perdoar os vencidos, que fechou para sempre as portas da guerra civil, que reprime muitas faltas pelo temor ao castigo e poucas pelo próprio castigo e raramente arremes-

---

17. Os bistônios habitavam os arredores do lago Bistônio, na costa meridional da Trácia.

18. Teromedonte, rei da Tessália ou da Líbia, mantinha para sua segurança leões alimentados com carne humana.

19. Atreu, tendo travado uma batalha contra seu irmão mais novo, Tiestes, apoderou-se do reino de Micenas, assassinou os três filhos que Tiestes tivera com uma náiade, esquartejou-os, cozeu-os e os serviu como refeição ao pai.

20. Diomedes, rei dos bistônios, costumava atirar os estrangeiros vindos a seu país às suas éguas, que os devoravam. Hércules lançou-o aos próprios animais, que o devoraram (Ovide, *Pontiques*. Texto estabelecido e traduzido por Jacques André, Paris, Les Belles Lettres, 1977).

sa raios com a mão constrangida. Tu, pois, enviado como orador perante ouvidos tão benevolentes, roga-lhe que o lugar de meu exílio seja mais próximo da pátria.

Eu sou aquele que te honrou, aquele a quem costumavas ver à mesa, entre os teus convivas, nos dias festivos; eu sou aquele que conduziu o Himeneu às vossas tochas nupciais e que cantou versos dignos de vosso venturoso enlace; eu sou aquele cujos modestos livros, me lembro, tu costumavas elogiar, à exceção dos que prejudicaram o seu autor; eu sou aquele a quem tu lias amiúde os teus escritos, que eu ouvia com admiração; eu sou aquele a quem foi entregue uma esposa pertencente a vossa casa. Márcia, que a estima e a prezou sempre desde a mais tenra idade, conta-a entre as suas amigas, enquanto a tia materna do César já a distinguira antes entre as suas[21]: mulher considerada digna por estas é de fato virtuosa! A própria Cláudia, superior a sua reputação, se houvesse sido elogiada por elas, não teria necessitado socorro divino[22]. Eu também vivi sem mácula meus anos passados; quanto à última parte de minha vida, cumpre omiti-la. Todavia, para não falar de mim, minha esposa é vossa responsabilidade: tu não podes renegá-la sem ser de má-fé. Ela se refugia junto a vós, abraça vossos altares – cada um se dirige com pleno direito aos deuses que venera – e, entre lágrimas, vos suplica que, acalmando o César por vossas preces, aproximeis dela a pira fúnebre do seu esposo.

---

21. Trata-se de *Atia Minor*, irmã de *Atia Maior*, mãe de Augusto.

22. Alusão ao episódio da chegada a Óstia da estátua da mãe de Ida, Cibele, narrado por Ovídio (*Fastos* IV, 291-349). A vestal Cláudia, cuja reputação era mais que duvidosa, pediu à deusa para rebocar, sozinha, o barco que trazia a estátua a fim de demonstrar assim sua inocência, pedido este que lhe foi atendido (J. André, *op. cit.*, n.º 4, p. 161).

3. A Rufino

Além de médico – pela alusão a Macáon –, Rufino era poeta e orador. Ele escrevera a Ovídio uma *Consolatio de exilio*, sem inocentá-lo do *error* cometido. O poeta lhe envia um poema sobre o triunfo de Tibério na Panônia (cf. *P.* III 4) e lhe implora que interceda por ele junto a Tibério e a Lívia.

Rufino, esta saudação ta envia teu Nasão, se é que quem é desgraçado pode ser de alguém. Os consolos que há pouco ofereceste ao meu perturbado espírito trouxeram entre as minhas desgraças uma esperança e uma as-
5   sistência. Como o herói Filoctetes, com a cura de sua ferida graças à arte de Macáon[23], sentiu a ajuda da medicina, assim eu, com o ânimo abatido e vitimado por duro golpe, comecei a sentir-me mais revigorado com os teus conselhos e, quando já estava desfalecido, voltei a viver ao ouvir as tuas palavras, como sói reanimar-se o pulso
10 após a absorção de vinho puro. No entanto, tua eloqüência não mostrou forças tão grandes para que meu coração ficasse completamente curado por tuas palavras. Por mais que subtraias do abismo de minhas penas, não será

---

23. Filoctetes foi mordido no pé por uma serpente durante a passagem da esquadra grega pela ilha de Tênedos. A ferida que se formou infectou-se e produzia horrível fedor. Devido a isso e, diante dos gritos de dor que lançava (cf. *Tr.* V 1, 61-62 e V 2, 13-14), Ulisses resolveu abandoná-lo na deserta Lemnos. Filoctetes aí viveu durante dez anos. Quando os gregos souberam, por revelação de Heleno, que não poderiam tomar Tróia se não fossem armados com as flechas de Hércules, em poder de Filoctetes, foi enviado Ulisses em companhia do médico Macáon, filho de Asclépio, que curou sua ferida (P. Grimal, *Dictionnaire de la mythologie grecque et romaine*, Paris, PUF, 1951, p. 200).

menos o que sobra do que o extraído. Talvez, com o passar de muito tempo, minha chaga se cicatrize: as feridas recentes estremecem diante das mãos que as tocam. Nem sempre depende do médico a cura do enfermo: por vezes o mal prevalece sobre a douta arte. Já vês como o sangue expelido de um pulmão debilitado conduz por via segura às águas do Estige. Mesmo que o próprio deus do Epidauro[24] traga suas ervas sagradas, não curará com nenhum de seus auxílios as feridas da minha alma. A medicina não pode erradicar a gota nodosa nem aliviar a temível hidropisia. Às vezes também com nenhum remédio pode ser curada a aflição ou, se houver algum, será necessário muito tempo para aquietá-la.

Quando teus preceitos haviam alentado bastante minha alma abatida e eu havia empunhado as armas de teu coração, de novo o amor à pátria, mais poderoso que todo teu arrazoamento, desfez o efeito produzido por teus escritos. Se tu quiseres chamar a isto piedade ou fragilidade feminina, admito possuir um coração frágil na desventura. Não se põe em dúvida a sagacidade do herói de Ítaca e, nada obstante, ele anela ver a fumaça das lareiras pátrias. Ignoro por qual encanto o solo natal a todos nos atrai e impede que o olvidemos. Que há melhor que Roma? Que há pior que o frio cítico? E, no entanto, foi para cá, longe desta cidade, que fugiu o bárbaro. Por melhor que seja a jaula para a filha de Pandíon[25] aprisionada, ela se esforça por regressar a seus bosques. Os touros buscam suas pastagens costumeiras; os leões, sem que sua ferocidade o impeça, buscam os antros habituais. E tu espe-

---

24. Trata-se de Asclépio, filho de Apolo e deus da medicina.
25. A filha de Pandíon é Filomela, convertida em rouxinol (*Tr.* II 389-90 e *Met.*VI 426 ss.).

ras, por tua vez, que, com teus consolos, possam desaparecer de meu coração as chagas do desterro? Faze com que vós mesmos não devais ser tão queridos por mim, para que seja mais leve a dor de ver-me privado de tais amigos.

Pensava, porém, que, privado da terra onde nasci, me houvesse saído em sorte, pelo menos, viver numa região humana. Jazo, nada obstante, abandonado nas areias da extremidade do orbe, onde a terra ostenta perpétuas neves. Aqui o campo não produz frutos nem doces racemos; não reverdejam salgueiros nas ribeiras, nem robles nas montanhas. O pélago não merece mais louvores que a plaga: suas vagas, privadas de sol, estão sempre intumescidas pelo furor dos ventos. Para qualquer direção que se olhe, estendem-se planícies sem cultivo e terras desertas que ninguém reivindica. O temível inimigo surge à direita e à esquerda, e o medo desta vizinhança nos apavora das duas partes: aqui ameaçam as lanças bistônias; acolá, as flechas lançadas pela mão dos sármatas.

Vai agora e cita-me os exemplos dos antigos varões que souberam, com espírito impávido, suportar os infortúnios. Admira a nobre resistência do magnânimo Rutílio[26], que não aproveitou a permissão que lhe foi dada de retornar à pátria. Hospedava-o, porém, Esmirna, não o Ponto ou outra terra hostil, Esmirna, preferível, talvez, a qualquer outro lugar de desterro. O cínico de Sinope não se afligiu por estar longe da pátria[27], porquanto te elegeu,

---

26. Rutílio Rufo, nascido por volta do ano 154, foi cônsul no ano 105 a.C. Condenado por uma multa que não teria podido pagar, exilou-se em Lesbos e depois em Esmirna, a mais bela cidade da Ásia Menor (Ovide, *Pontiques*, Paris, Les Belles Lettres, 1977, p. 161).

27. Trata-se de Diógenes, fundador da Escola Cínica, nascido em Sinope. Acusado de cunhar moeda, asilou-se em Atenas, onde viveu em extrema pobreza, depois em Corinto, onde morreu (*id. ibid.*, n.º 6, p. 162).

ó terra da Ática, para sua residência. O filho de Néocles, que exterminou com seu exército o dos persas, viveu o seu primeiro desterro na cidade de Argos[28]. Expulso da pátria, Aristides fugiu para a Lacedemônia[29], e destas duas cidades se ignorava qual era a melhor. O jovem Pátroclo, após ter cometido um homicídio, deixou Opunte e chegou, como hóspede de Aquiles, ao solo da Tessália[30]. Desterrado da Emônia, retirou-se à Fonte de Pirene o herói sob cujo comando percorreu a sagrada nave as águas da Cólquida[31]. Cadmo, filho de Agenor, abandonou as muralhas de Sídon para levantar seus muros num lugar melhor[32]. Tideu, expulso de Cálidon, refugiou-se na corte de Adrasto[33] e foi a terra aprazível a Vênus que acolheu a Teucro[34].

....
28. Trata-se de Temístocles, que, vencedor no ano 480 da batalha de Salamina contra os persas, recebeu honras quase sem precedentes; caiu depois em desgraça, sendo condenado ao ostracismo primeiro (471) e depois à morte. Vagou sucessivamente em Argos, Corcira, Epiro e, por último, em Jônia (*id. ibid.*, n.º 7, p. 162).

29. Parece que se trata de um engano já que Aristides, exilado em 482, refugiou-se em Egina, enquanto Alcibíades foi quem esteve desterrado em Esparta (*id. ibid.*, n.º 8, p. 162).

30. Pátroclo, filho de Menécio, vivia em Opunte, na Lócrida. Tendo, num jogo, matado seu companheiro de estudos, Clitônimo, teve que exilar-se na Tessália, na corte do parente Peleu, onde estudou com Aquiles (*id. ibid.*, n.º 9, p. 162).

31. Trata-se de Jasão, que nasceu em Iolco, na Emônia, primitivo nome da Tessália. À volta da expedição dos Argonautas, Medéia persuadiu as filhas do rei de Iolco, Pélias, a cozerem o pai num tacho para rejuvenescê-lo. Após o homicídio, Medéia e Jasão foram expulsos do país e tiveram que refugiar-se em Corinto, onde se encontrava a Fonte de Pirene.

32. Cadmo, filho de Agenor, rei de Tiro ou de Sídon, fundou a cidade de Tebas (*Met.* III 1-130).

33. Tideu, herói etólio (Cálidon é uma antiga cidade da Etólia), foi obrigado a exilar-se após ter praticado um homicídio, e se refugiou junto ao rei de Argos, Adrasto, cuja filha desposou.

34. Teucro era filho do rei de Salamina, Telamão, e de Hesíona, irmã de Príamo. Participou com o irmão Ájax da expedição grega contra Tróia, onde

Que diria eu dos antigos romanos entre os quais Tíbur era o confim do mundo para os desterrados? Mesmo que os enumere a todos, a nenhum deles, em época alguma, se assinalou um lugar tão afastado da pátria ou mais horrível. Que tua sabedoria perdoe, portanto, mais ainda a minha dor, já que tão pouco efeito conseguiram os teus consolos. Não nego, nada obstante, que, se as minhas feridas pudessem fechar-se, cicatrizariam com os teus preceitos. Temo, porém, que trabalhes em vão para me salvares e que, condenado e enfermo, não me veja consolado pela ajuda que me prestaste. Não afirmo isto porque meu saber seja superior ao teu, mas porque me conheço a mim mesmo melhor que o médico. Seja como for, teus bons desejos chegaram a mim como um grande favor e os considero como um bem.

---

levou a cabo façanhas notáveis. Voltando de Tróia, seu pai, que o censurava **por não** ter vingado Ájax, morto em combate, expulsa-o de Salamina. Ele se **refugiou** na Síria, na corte do rei Belo, em seguida fixou-se em Chipre, a ilha **de Vênus.**

4. À esposa

Para defender seus interesses e lutar pelo seu retorno, Ovídio deixara em Roma Fábia, ainda jovem (cf. v. 47, *iuvenem*), com idade entre 43 e 48 anos. Segundo ele, se ela o tivesse acompanhado, a morte teria sido dupla. À esposa dirige duas epístolas, fartas de queixas sobre sua saúde, sobre o clima e a insegurança em Tomos. Nesta primeira, escrita no final do ano 12, lamenta ter envelhecido tanto que, vendo-o, ela não o reconheceria. Mais que as conseqüências naturais, justificam sua senescência os seus múltiplos e incessantes sofrimentos físicos e morais.

Já o declínio da idade me salpica de cãs e já as rugas senis sulcam-me o rosto; já o vigor e as forças me languescem no deteriorado corpo e os jogos que me divertiam na mocidade não me agradam mais. Se me visses a súbitas, não conseguirias reconhecer-me, tão grande é a ruína operada em minha vida. Estas são as conseqüências da idade, reconheço-o, porém há ainda outra causa: a ansiedade da alma e o sofrimento incessante. Se se repartissem meus infortúnios por um grande número de anos, crê-me, seria mais velho que Nestor de Pilos.

Não vês como nos duros campos o trabalho quebranta os corpos robustos dos touros? E que há mais vigoroso que um boi? A terra que jamais conheceu os benefícios do alqueive, enfraquecida por contínuas messes, torna-se improdutiva. Morrerá o cavalo que participar de todas as competições do circo, sem interromper uma só carreira. Por sólida que seja, desagregar-se-á, no mar, a embarcação que jamais foi retirada do elemento líquido para uma superfície enxuta. A mim, também, me debilita uma seqüência interminável de sofrimentos e me obriga a ser velho antes do tempo. O ócio alimenta o corpo e também

se nutre com ele a alma; a excessiva azáfama, ao contrário, aniquila a ambos.
Vê quanta glória obteve da tardia posteridade o filho de Éson por ter vindo a estas paragens. No entanto, suas penalidades foram menos pesadas e menos rudes que as minhas, se é que os grandes nomes não encobrem a verdade. Ele partiu para o Ponto por ordem de Pélias, que era temível apenas nos limites da Tessália; quanto a mim, o que me perdeu foi a cólera do César, diante do qual, do nascente ao ocaso, estremecem todas as terras. A Emônia está mais próxima do Ponto Sinistro que Roma, e ele teve que percorrer um caminho mais curto que o meu. Ele teve a companhia dos principais vultos da terra aquiva[35], ao passo que a mim todos me abandonaram em meu exílio. Eu sulquei sobre uma frágil embarcação o pélago imenso, enquanto a que transportou o filho de Éson era uma sólida nave. Tífis não foi meu piloto, tampouco me ensinou o filho de Agenor quais rotas devia evitar e quais seguir[36]. Palas[37] e a rainha Juno olharam por ele: quanto a mim, divindade alguma protegeu a minha vida. A ele ajudaram-no as artes furtivas de Cupido, que eu queria que o Amor não tivesse aprendido jamais comigo. Ele voltou ao lar; quanto a mim, morrerei nestas

....

35. Alusão aos Argonautas que acompanharam Jasão na busca do velocino de ouro na nave Argos, entre os quais se destacavam: Argo, filho de Frixo e construtor da nave; Tífis, que foi seu primeiro piloto; o músico trácio, Orfeu, que marcava a cadência aos remeiros; Hércules; o lapita Mopso; Castor; Pólux etc. (P. Grimal, *op. cit.*, p. 46).

36. O filho de Agenor é Fineu, rei da Trácia, cego e adivinho, a quem consultaram os Argonautas, antes de começar a expedição, acerca da rota que deviam seguir (*Met.* 7, 3 ss. e P. Grimal, *op. cit.*, p. 203).

37. Palas é outro nome ou sobrenome de Atena ou Minerva. Ajudou Argo na construção da nave que tinha seu nome.

plagas, se persistir a temível cólera do deus melindrado. Minha provação é, pois, ó fidelíssima esposa, mais dura que a que sofreu o filho de Éson.

Tu, também, que ainda eras jovem quando deixei a Urbe, suponho que tenhas envelhecido por causa de minhas desgraças. Oxalá – queiram-no os deuses – pudesse contemplar-te tal como estás, levar carinhosos beijos ao teu rosto transformado, estreitar nos braços teu corpo emagrecido e dizer-te: – "A preocupação por mim fê-la emagrecer" e, chorando, contar-te pessoalmente a ti também aos prantos meus padecimentos, desfrutar deste colóquio contigo jamais esperado e oferecer com mãos reconhecidas o incenso devido aos Césares e à esposa digna do César, autênticos deuses!

Oxalá a mãe de Mêmnon[38], aplacada a cólera do príncipe, anuncie brevemente este dia, com seus róseos lábios.

---

38. A mãe de Mêmnon é a Aurora, a deusa Eos, que pertence à primeira geração dos deuses, a dos Titãs. Seu filho predileto foi Mêmnon, rei dos etíopes, que morreu em Tróia combatendo contra Aquiles (P. Grimal, *op. cit.*, p. 161).

5. A Cota Máximo

Marco Aurélio Cota Máximo, orador e poeta (cf. *P.* IV 16), era o secundogênito de Marco Valério Messala Corvino e irmão de Marco Valério Messala Messalino. As relações de Ovídio com a família Messala datavam de sua ida para estudar em Roma, quando seu pai o recomendou a Marco Valério Messala, "eloqüência da língua latina, não inferior à sua nobreza", "o primeiro que me incentivou a ousar confiar meus versos à fama, sendo o guia de meu talento" (cf. *P.* II 3, 75-78), "o incentivador, a fonte e o inspirador de minha carreira literária" (cf. *P.* I 7, 28) conforme as suas próprias palavras. O reconhecimento do poeta com Messala Corvino estendia-se aos dois filhos, em especial a Marco Aurélio Cota Máximo, assim cognominado em virtude de sua adoção feita pelo tio materno, Aurélio Cota. Vinte anos mais novo que Ovídio, Cota foi cônsul no ano 20 d.C. Foi um dos primeiros a escrever a Ovídio para consolá-lo (cf. *P.* II 3, 65-68), enviando-lhe as imagens de Augusto, Tibério e Lívia para adornar seu altar doméstico (cf. *P.* II 8, 1 *ss.*). Nesta epístola, cuja data é difícil precisar, Ovídio se queixa da pouca qualidade literária dos poemas do desterro, e classifica como *scripta mediocria* as *Epistulae ex Ponto* (cf. v. 83).

Este Nasão, que em outro tempo não ocupava o último lugar entre teus amigos, suplica-te, Máximo, que leias suas palavras. Renuncia a procurar nelas meu talento poético, para que não pareças desconhecedor de meu exí-
5 lio. Sabes como o ócio destrói o corpo inativo, como se contaminam as águas se não se movimentarem. A mim, também, se possuía alguma habilidade de compor versos, ela me faz falta hoje tendo diminuído em razão do inativo abandono. As próprias linhas que lês, se em algo
10 me creres, Máximo, escrevi-as contra a vontade e forçando a mão. Não me apraz concentrar a atenção em tais ocupações e a Musa, apesar de ser invocada, não chega até os bárbaros getas. Nada obstante, como tu mesmo o

notas, esforço-me por compor versos, porém não são estes mais agradáveis que o meu destino. Quando os releio, envergonho-me de tê-los escrito, porque creio que muitos, para meus próprios olhos de autor, merecem ser destruídos. No entanto não os corrijo, porquanto este é um labor mais pesado que o de escrever e meu espírito enfermo não consegue suportar nada penoso. Deveria, porém, começar a utilizar mais mordazmente a lima e a submeter a juízo cada palavra. Na realidade, pouco me incomoda se o Lixo não desemboca no Ebro[39] e se o Atos não junta seus bosques aos dos Alpes. Cumpre perdoar uma alma miseravelmente ferida: os bois subtraem ao jugo seus pescoços esfolados. No entanto, penso colher meu fruto, razão legítima de meus males, e o campo me devolve a semeada com muita usura. Até agora, nenhuma de minhas obras, quando as passo todas em revista, trouxe-me algum proveito – e oxalá alguma não me houvesse prejudicado!

Tu te surpreendes, pois, por que eu escrevo. Eu próprio me surpreendo e me interrogo amiúde como tu sobre o que é o que pretendo ganhar com tal prática. Porventura não tem razão o povo quando nega que os poetas sejam sensatos? Não sou eu a melhor prova deste julgamento, eu que, tantas vezes enganado por um terreno estéril, persisto em enterrar a semente numa plaga funesta? Cada um se apaixona por suas afeições e dedica com prazer o tempo à sua arte familiar. O gladiador ferido renuncia à luta e ele mesmo, olvidando suas antigas feridas, volta a empunhar as armas. O náufrago declara que não

---

39. O Lixo é um rio que desemboca na costa ocidental da Mauritânia. O Ebro é um rio da Trácia, o Maritza (J. G. Vásquez, *op. cit.*, p. 385).

terá nenhum outro contato com as vagas marítimas e maneja os remos na água onde há pouco estava nadando! Do mesmo modo, eu persigo teimosamente um inútil estudo e volvo às deusas que não gostaria de ter venerado. Que algo melhor posso eu fazer? Não consigo consumir o tempo num ócio improdutivo: a inação significa para mim a morte. Não me apraz a embriaguez até a aurora por excesso de vinho, nem o atraente jogo de dados domina minhas inseguras mãos. Tendo dedicado ao sono o tempo que o corpo reclama, como empregarei minhas longas horas de vigília? Olvidando, porventura, os costumes pátrios, deveria eu, seduzido pela arte local, aprender a manejar o arco sármata? As forças impedem-me, também, de dedicar-me a tais gostos e minha mente está mais vigorosa que meu corpo definhado. Por mais que intentes encontrar o que posso fazer, não haverá nada mais útil que estes exercícios desprovidos de toda utilidade! Graças a eles, consigo olvidar-me de minha desventura: a mim me basta que minha plaga me devolva esta ceifa. Que a glória vos estimule. Para que vossos poemas, ao serem recitados, obtenham aplausos, consagrai vossas vigílias aos coros das Piérides! A mim me satisfaz compor o que me vem sem esforço e não há razão para um labor demasiado intenso. Por que haveria eu de polir meus poemas com nímio rigor? Acaso recearia que não tivessem a aprovação dos getas? Talvez eu seja ousado, mas me vanglorio de que o Istro não possua nenhum talento superior ao meu. Nesta terra em que tenho que viver, a mim me basta, se conseguir, ser um poeta entre os selvagens getas. Que me importa alcançar a fama na outra extremidade do orbe? Que o lugar que a fatalidade me assinalou substitua Roma para mim! Minha

desventurada Musa contenta-se com este palco. Isto é o
que eu mereci, assim o quiseram os poderosos deuses.
Eu não creio que meus livros possam ir daqui aos lugares que o Bóreas alcança com as asas já desfalecidas. Estamos separados por toda a extensão celeste e a Ursa, que se encontra distante da cidade de Quirino, contempla de perto os hirsutos getas. Mal posso acreditar que hajam cruzado tantas terras e tantos mares os frutos de meu esforço. Imagina que as minhas obras aí sejam lidas e, o que é extraordinário, imagina que elas agradem: tal fato, seguramente, em nada serviria o seu autor. Que te interessa em seres louvado pela calorosa Siena[40] ou pelos lugares em que o oceano Índico banha a Taprobana? Queres ir mais alto? Se te louvasse a mui distante constelação das Plêiades, que lucrarias com isto?

No entanto, com meus medíocres escritos, não chego até aí e minha fama partiu de Roma com seu dono.

Quanto a vós, para quem eu cessei de existir quando se sepultou minha fama, penso que hoje mantendes ainda o silêncio sobre meu óbito!

---

40. Siena, a atual Assuã, cidade do Alto Egito, um dos lugares mais conhecidos na Antiguidade por seu calor.

6. A Grecino

> Gaio Pompônio Grecino, *uetus amicus* (53), irmão mais velho de Gaio Pompônio Flaco, homem de governo e de guerra, não se encontrava em Roma na noite da partida de Ovídio para o desterro (cf. v. 47-54). Grecino era admirado por sua sensibilidade de caráter e por seu gosto pelas artes liberais. Ele chegou ao consulado no ano 16 d.C. Ao que parece, gozava de prestígio junto a Augusto e Tibério, porquanto Ovídio lhe implora sua intercessão.

Quando recebeste a notícia de minhas desgraças – retido que estavas em uma terra longínqua –, porventura não se entristeceu teu coração? Conquanto o dissimules e temas confessá-lo, Grecino, se bem te conheço, por cer-
5 to ficaste triste. A desumana insensibilidade não condiz com o teu caráter e não menos afastada está de tua cultura. Com as artes liberais, pelas quais demonstras o maior interesse, abrandam-se os espíritos e desaparece a rudeza; e ninguém as abraça com mais fidelidade que a que
10 te permitem teu cargo e o trabalho da milícia.
   Quanto a mim, tão logo pude perceber a minha situação – na verdade, atônito, perdi a consciência por longo tempo –, senti uma desventura a mais o fato de que estivesses ausente tu, um amigo que me teria sido de
15 grande ajuda. Contigo me faltavam então o consolo para meu espírito atormentado e uma grande parte de minha coragem e de minha razão. Agora, porém, imploro-te, concede-me de longe o único auxílio que resta e conforta meu espírito com tuas palavras de ânimo, espírito que, se algum crédito deres a um amigo fiel à verdade, deve clas-
20 sificar-se mais como néscio que criminoso. Não seria breve nem seguro expor-te qual é a origem de minha falta:

minhas feridas temem ser tocadas. Deixa de inquirir-me sobre como se produziram. Não as toques se quiseres que cicatrizem. Seja como for, cumpre falar de uma falta, não de um delito: ou é delito toda falta cometida contra os grandes deuses? Assim pois, Grecino, a esperança de ver abreviado meu castigo não foi de todo abandonada por meu espírito. Esta deusa, quando os numes fugiam de um mundo criminoso, permaneceu só sobre um solo odioso às divindades. Ela faz viver o mineiro, com os pés agrilhoados, e faz que creia que suas pernas serão um dia liberadas dos ferros. Ela faz que o náufrago, sem avistar nenhuma terra em volta, agite os braços no meio das vagas.

Amiúde o hábil cuidado dos médicos abandonou a algum enfermo e, no entanto, ainda que falhe a este o pulso, sua esperança não esvaece. Diz-se que, no fundo do seu calabouço, os prisioneiros esperam sua salvação e que algum, já suspenso à cruz, faz ainda votos. A quantos, que já passavam o pescoço pelo laço, não permitiu esta deusa que perecessem com morte já determinada! A mim, também, quando quis pôr fim aos meus sofrimentos pela espada[41], convenceu-me do erro e me deteve com resoluta mão dizendo: – "Que vais fazer? Importa verter lágrimas, não sangue; por meio delas, chega-se a aplacar amiúde a cólera do príncipe!"

Assim sendo, conquanto por meus méritos eu não a mereça, nutro, nada obstante, uma grande esperança na benevolência do deus. Suplica-lhe, Grecino, que não se demonstre inflexível e une tuas palavras a meus votos. Que eu seja sepultado nas areias de Tomos se duvidar dos votos que tu fazes por mim. As pombas, pois, começarão

---
41. Em várias ocasiões alude Ovídio a sua intenção de suicidar-se para pôr fim a suas desgraças (*Tr.* I 5, 6 e *P.* I 9, 21-2 etc.).

a evitar as torres, as feras os antros, o rebanho os pastos e o mergulhão as águas antes que Grecino se comporte mal em relação a seu velho amigo. Tudo não foi a tal ponto subvertido por meu destino!

7. *A Messalino*

> Marco Valério Messala Messalino era o primogênito de Marco Valério Messala Corvino. Amigo de Tibério, chegou ao consulado no ano 3. Foi *legatus Augusti pro praetore* na Dalmácia e na Panônia no ano 5. Atuou, ao lado de Tibério, na campanha panoniana do ano 6 ao 9 d.C. Desfrutava de prestígio junto às autoridades imperiais, todavia sua atitude em relação ao poeta relegado foi assaz discreta para não desagradar o Imperador. Ovídio insiste na insegurança em que vive em Tomos que, ao lado de outros males, torna sua vida idêntica à morte.

Esta carta, na falta de minha voz, Messalino, traz-te do país dos cruéis getas a saudação que lês. O local não te revela o autor? Ou acaso, se não tiveres lido o nome, não sabes que eu, Nasão, te escrevo estas palavras? Jaz porventura algum outro de teus amigos situado nos confins do orbe, a não ser eu rogando que me consideres teu amigo? Oxalá os deuses mantenham afastados do conhecimento deste povo a todos os que te honram e te amam! Basta que eu só viva no meio do gelo e das flechas cíticas, se se deve considerar vida este gênero de morte. Que a terra me oprima com a guerra e o céu com seu frio, que me ataque o feroz geta com suas armas e o inverno com o granizo, que me retenha uma região não fecunda em frutas nem videiras, cujas fronteiras o inimigo não deixa em paz! Que os demais pertencentes à multidão dos teus amigos, entre os quais, no meio da turba, eu ocupava insignificante lugar, vivam sãos e salvos! Infeliz de mim, se tu te ofendesses com estas palavras e negasses que me incluíste na relação de teus amigos! Mesmo que isto fosse real, deverias perdoar a minha mentira. Minha pretensão nada tira a tua glória. Quem, pois, para ser conhecido dos Césares, não simula ser seu amigo? Perdoa-me a confissão: tu eras para mim um César!

E, nada obstante, eu não forço a entrada de um lugar proibido e a mim me basta que tu admitas que teu átrio não estava fechado para mim. E mesmo que não haja nada mais entre nós, sem dúvida tu és agora saudado por uma voz a menos que antes. Teu pai, animador, fonte e inspirador de minha carreira literária, não negou minha amizade; a ele ofereci minhas lágrimas como supremo obséquio em sua morte e um poema para que fosse recitado no meio do Foro. Acresce que teu irmão está unido a ti com um afeto tão intenso como foi o dos Atridas[42] e o dos Tintáridas[43]. Ele não recusou contar com a minha companhia e a minha amizade. Se tu pensas que tal confissão o haverá de prejudicar, eu preferirei passar por impostor também neste ponto: melhor será que toda vossa casa esteja fechada para mim. Não é, porém, preciso fechá-la e nenhum poder tem a força de impedir um amigo de se enganar.

No entanto, assim como desejaria poder também negar a minha falta, do mesmo modo ninguém ignora que eu não cometi nenhum crime. Na verdade, se meu delito não fosse em parte escusável, a relegação teria sido um castigo pequeno. O próprio César, porém, que a tudo observa com clareza, viu que meu crime podia chamar-se necedade. Perdoou-me na medida em que eu mesmo e as circunstâncias lhe permitimos, servindo-se moderadamente do fogo do seu raio. Ele não me tirou a vida, nem os bens, nem a possibilidade de regresso, se graças a teus rogos sua cólera fosse vencida. Caí, porém,

---

42. Os Atridas, ou filhos de Atreu, são Agamêmnon e Menelau.
43. Os Tintáridas, ou filhos de Tíndaro, são Castor e Pólux.

gravemente ferido. Que há, pois, de admirável se alguém, golpeado por Júpiter, tiver uma grave ferida? Mesmo quando Aquiles continha suas forças, a lança do Pélion causava terríveis golpes.

Assim, pois, visto que me é favorável a sentença do juiz, não há motivo para que tua casa negue que me conhece. Admito, por certo, tê-la honrado menos que merecia porém, a meu ver, isto também o quis o meu destino. Nada obstante, nenhuma outra família foi mais distinguida com os meus serviços. Quer em tua casa, quer na de teu irmão, eu me encontrava sempre em vosso lar. E tal é teu afeto fraternal que um amigo de teu irmão, mesmo que não te honre pessoalmente com sua amizade, algum direito deverá possuir sobre ti. Enfim, como se deve expressar sempre o reconhecimento aos que o mereceram, não é próprio de tua posição ser contado entre estes? Se me fosse permitido aconselhar-te sobre o que deves desejar, suplica aos deuses que possas dar muito mais que devolver. Isto é o que vens fazendo e, como posso lembrar-me, tu costumavas ser motivo de reconhecimento para muitos, em virtude de teus dons. Coloca-me, Messalino, no posto que quiseres, contanto que não seja um estranho em tua casa! E se não te compadeces das desgraças que padece Nasão, posto que parece havê-las merecido, compadece-te, ao menos, de que as haja merecido.

8. A Severo

Cássio Severo, destinatário desta epístola, escrita no outono do ano 12 (cf. v. 28), era advogado ou juiz (cf. v. 65-66). Possuía propriedades em Alba e Úmbria (cf. v. 67- 68), onde teria hospedado Ovídio algumas vezes. Este não pede sua ajuda e intercessão junto às autoridades imperiais, mas realça seu desejo de expiar o *error* numa terra mais próxima de Roma e menos insegura.

Severo, tu que ocupas grande parte de minha alma, recebe a saudação enviada por teu caro amigo Nasão. E não perguntes o que faço. Se te contasse tudo, chorarias. Basta conheceres um resumo de minhas desgraças.
5   Vivo privado de paz, em meio de contínuas ações armadas, porquanto os getas com suas aljavas suscitam cruéis guerras. E entre tantos expatriados, sou eu o único que vivo como soldado no desterro: todos os demais, dos quais não sinto inveja, repousam em lugar seguro. E para que consideres meus modestos livros mais dignos
10   de indulgência, foi no campo de batalha que compus estes versos que lerás.
Próxima às margens do Istro[44], conhecido por dois nomes, eleva-se uma velha cidade, dificilmente acessível por suas muralhas e por sua posição. O cáspio[45] Egiso, se dermos crédito aos próprios habitantes, fundou-a e deu
15   à obra seu próprio nome[46]. Os ferozes getas, após have-

....
44. O Istro é o nome do Danúbio em seu curso inferior.
45. Os cáspios habitavam a parte meridional do mar Cáspio.
46. Trata-se da cidade de Egiso, que havia sido tomada pelos getas e reconquistada depois pelo rei dos odrísios com a ajuda de Roma (*P.* IV 7, 21 ss. e J. André, *op. cit.*, n.º 3, p. 30).

rem massacrado os odrísios[47], num ataque inopinado, dela se apoderaram e travaram guerra contra seu rei. Este, porém, recordando a nobreza de sua estirpe, que aumenta por sua coragem, surge de improviso, acompanhado de inúmeros soldados e não se retirou antes do merecido extermínio dos culpáveis***. A ti, porém, o mais destemido rei de nossa época, seja concedido conservar sempre o cetro em tua gloriosa mão! E o que é melhor ainda – poderia desejar-te algo mais valioso? –, que a marcial Roma te outorgue sua aprovação, junto com o grande César.

Voltando, porém, ao assunto anterior, deploro, querido colega, que às minhas adversidades se acresçam cruéis armas. Desde que estou privado de tua companhia, arrojado às costas estígias, quatro vezes o outono viu a elevação da Plêiade[48]. E tu não creias que Nasão suspire pelas vantagens da vida urbana, entretanto ele suspira por elas. Ora, pois, me lembro de vós, amigos caros a meu espírito, ora penso em minha filha e em minha querida esposa; e de minha casa volto outra vez aos lugares mais formosos de Roma e, servindo-se de seus olhos, meu espírito a tudo revê. Eis os Foros, eis os templos, eis os teatros revestidos de mármore, eis todos os pórticos de pavimentado solo, eis a erva do Campo de Marte que mira para belos jardins, os lagos, os canais e a Água da Virgem[49].

Arrebatados, porém, a este desgraçado os prazeres de Roma, pensava que pudesse usufruir, pelo menos, dos

---

47. Os odrísios, povo da Trácia, instalaram-se, a princípio, no curso baixo do Ebro.

48. A elevação da Plêiade ocorria em Roma no dia 10 de outubro. Ovídio partiu para o desterro no mês de dezembro do ano 8; os quatros outonos que já passa em Tomos são, portanto, os dos anos 9, 10, 11 e 12.

49. A Água da Virgem, que nascia a uns 20 quilômetros a leste de Roma, chegava por um aqueduto construído por Agripa no ano 19 a.C.

de qualquer campanha. Meu coração não tem saudade dos campos que perdi, nem das admiráveis planícies da região peligna[50], nem dos jardins situados sobre colinas cheias de pinheiros na junção da via Clódia e da Flamínia[51], jardins que eu cuidei sem saber para quem, onde eu costumava – não me peja confessá-lo – regar as plantas com a água das fontes, onde estão, se vivem ainda, também as árvores plantadas por minhas mãos cujos frutos, todavia, não serão colhidos por elas. Para compensar tantos bens perdidos, oxalá pudesse ter aqui em meu desterro ao menos uma gleba para cultivar! Se me fosse permitido, gostaria de levar pessoalmente, apoiado a um bastão, as cabras a pascer nas encostas dos penhascos e as ovelhas. Eu próprio, para livrar meu coração de suas incessantes preocupações, guiaria os bois que lavram a terra sob o curvo jugo, aprenderia as palavras que entendem os novilhos géticos e a elas acresceria as ameaças habituais. Eu mesmo, pressionando com a mão a rabiça do arado e dirigindo-o, aprenderia a espargir a semente no sulco revolvido. E não hesitaria em limpar as ervas, com longos alviões, nem em dar a água que o jardim já sedento bebesse. Como, porém, eu o poderia, se me separam do inimigo apenas um muro e uma porta fechada? Para ti, ao contrário, ao nasceres – do que me alegro com toda a minha alma –, as deusas do destino teceram sólidos fios. Ora te retém o Campo de Marte, ora o pórtico com sua espessa sombra, ora o Foro onde passas raros momentos. Ora te chama a Úmbria e, quando te diriges às terras albanas, a Via Ápia te conduz com as rodas ar-

---

50. Alusão a sua terra natal, Sulmona, no território peligno.
51. Alusão a sua casa cercada de jardins situada entre a Via Flamínia e a Via Clódia.

dentes. Aí, talvez, aneles que o César acalme sua justa cólera e a que tua vila seja meu refúgio.

Ah! Tua pretensão é exagerada, amigo! Deseja algo mais moderado e dobra, por favor, as velas de teu voto! Gostaria que me fosse concedida uma terra mais próxima e não exposta a nenhuma guerra: assim se afastaria de mim uma boa parte de meus males.

9. A Cota Máximo

M. Valério Cota Máximo, um dos melhores amigos de Ovídio, é destinatário de seis epístolas, a saber: I 5, I 9, II 3, II 8, III 2 e III 5, perfazendo 486 versos. Alguns estudiosos julgaram que esta missiva tivesse como destinatário Fábio Máximo; no entanto o tom confidencial e, por outro lado, a alusão à amizade com o irmão de Máximo – Messalino, provavelmente (cf. v. 27-30) – fazem pensar em Cota.

A tua epístola, que me chegou falando da morte de Celso, foi logo umedecida por minhas lágrimas e, o que é horrendo dizer e que pensei que não poderia ocorrer, tua carta foi lida por meus olhos que não queriam fazê-lo. Nada mais cruel me chegara aos ouvidos desde que estou no Ponto e oxalá não me chegasse! Sua imagem crava-se em meus olhos como se estivesse presente e meu amor imagina que, estando morto, vive. Algumas vezes meu espírito recorda suas brincadeiras sem gravidade, outras sua lealdade sincera nos assuntos sérios. Entretanto, nenhum momento me advém à mente com mais freqüência que aquele que quisera que tivesse sido o último de minha vida quando minha casa, desmoronando-se de súbito com uma grande ruína, desabou precipitando-se sobre a cabeça do seu dono. Ele prestou-me sua ajuda, quando a maior parte dos meus amigos me abandonou, Máximo, e não foi companheira de minha fortuna. Eu o vi chorar em minhas exéquias, não diferentemente do que faria se seu irmão devesse ser colocado na pira. Ele estreitou-me num abraço, consolou-me em meu abatimento e não cessou de mesclar as suas lágrimas às minhas.

Oh! quantas vezes, odioso guardião de uma amarga existência, sujeitou-me as mãos dispostas ao gesto fatal! Oh! quantas vezes me disse: – "A cólera dos deuses é aplacável: vive e não digas que não te podem perdoar!" Uma frase, sobretudo, foi a que mais me repetiu: – "Vê quanta ajuda Máximo poderá proporcionar-te. Máximo se esforçará e, pela amizade que te devota, intercederá para que a cólera do César não seja tenaz até o fim. A seus esforços unirá os do irmão e tudo fará para aliviar teus sofrimentos". Estas palavras diminuíram o tédio de minha existência amargurada. Tu, Máximo, cuida para que não tenham sido vãs. Ele costumava jurar-me que também viria até aqui, se lhe concedesses o direito de tão longa viagem. Na verdade, ele venerou teus santuários com rito não distinto desse com o qual veneras tu próprio os deuses, soberanos do orbe. Crê-me: embora tenhas merecidamente uma legião de amigos, não foi Celso inferior a nenhum deles, porquanto não é a riqueza nem o nome ilustre dos antepassados, senão a honradez e o caráter o que engrandece os homens.

Com razão, pois, derramo lágrimas em honra da morte de Celso, lágrimas que ele derramou sobre mim estando vivo, ao partir para o desterro; com razão te dedico estes versos, que atestam teu raro caráter, para que a posteridade, Celso, leia teu nome. É tudo que posso mandar-te dos campos géticos: aqui só isto é o que me é lícito ter. Não pude assistir a teus funerais nem ungir o teu corpo, pois de tua pira me separa todo o orbe. Quem o pôde, Máximo, a quem tu em vida reverenciavas como a um deus, cumpriu todos os seus deveres para contigo. Ele celebrou solenemente a cerimônia de tuas exéquias e derramou o amomo sobre teu frio peito e, em sua comoção, diluiu os ungüentos com as lágrimas que derramava e, enterrando teus ossos, cobriu-os com terra próxima.

55 Este, já que presta todas as honras devidas aos amigos falecidos, pode contar-me também a mim entre os mortos.

10. A Flaco

Lúcio Pompônio Flaco, destinatário desta epístola, nasceu por volta do ano 19 a.c. Era o irmão mais novo de Pompônio Grecino, a quem sucedeu no consulado, no ano 17 d.c. Como *legatus pro praetore* na Mésia, foi incumbido de uma missão militar contra os getas, aos quais retomou Tresmis, à margem direita do Baixo Danúbio (cf. IV 9, 75 ss.). Mais tarde recolocou nas funções o rei da Trácia, Rescupóride, após o assassinato de Cótis. Dele o poeta espera ajuda junto aos deuses, ou seja, junto aos membros da família imperial.

A ti, amigo Flaco, formula-te o desterrado Nasão votos de saúde, se é que se pode formular a alguém algo de que não se dispõe. Na verdade uma prolongada debilidade não permite que meu corpo, estropiado por amargas preocupações, recupere suas anteriores forças. Não sinto nenhuma dor, não me abraso por nenhuma febre fadigosa e meu pulso leva um ritmo regular. Nada obstante, minha boca está embotada e as mesas já servidas recrudescem o meu fastio e me queixo ao chegar a hora da odiosa refeição. Serve-me o que produz o mar, a terra, o ar: nada haverá aí que me apeteça. Mesmo que a solícita Juventude[52] me ofereça com sua formosa mão néctar e ambrosia, licor e manjar dos deuses, seu sabor não excitaria o meu insensível paladar e permaneceria em meu estômago durante longo tempo um peso inerte.

Por mui reais que sejam, eu não me atreveria escrever estes fatos a qualquer um, para que não se trate minhas desgraças de caprichos. Na verdade, é tal o meu es-

....
52. A deusa da Juventude se identifica aqui com Hebe, filha de Júpiter e de Juno. Antes do rapto de Ganimedes, era a que servia o néctar aos deuses.

tado, é tal o aspecto de minha situação que poderia haver lugar ainda para os caprichos! Se alguém teme que a cólera do César seja assaz suave para comigo, rogo que lhe caibam por sorte tais caprichos. O próprio sono, que é um alimento para o organismo debilitado, não nutre com seu vão ofício este corpo sem vida. Velo e comigo velam sem fim as minhas dores, para as quais me dá motivo o próprio lugar. Por isso, mal poderias reconhecer meu semblante ao contemplá-lo e buscarias aonde foi parar a sua primitiva cor. Pouco sangue chega-me às débeis articulações e meus membros estão mais pálidos que a cera nova. Não contraí tais males por causa do excessivo Baco: tu sabes que quase nada bebo além de água. Não me sobrecarrego de alimentos e mesmo que o desejo destes me atraísse, não os encontraria em abundância no solo dos getas. Não são os prazeres nocivos de Vênus que me arrebatam as forças: ela não costuma acudir aos leitos aflitos. É a água, é o clima que me prejudicam e, um motivo mais forte que estes, é a angústia da alma que me acompanha sempre. Se tu, junto com teu irmão parecido contigo[53], não me aliviasses estes males, mal meu ânimo teria suportado o peso da tristeza. Vós sois para minha destroçada nave uma terra hospitaleira e me proporcionais a ajuda que muitos me negam. Prestai-ma sempre, vo-lo imploro, porquanto sempre a necessitarei, enquanto a divindade do César se mantiver ofendida comigo. Implorai cada um a vossos deuses, suplicando-lhes que este não ponha fim à sua justa cólera, todavia a modere.

---

53. Alusão ao irmão de Flaco, Pompônio Grecino.

LIVRO II

1. A Germânico

Nesta primeira epístola que abre o livro II, escrita provavelmente no começo do ano 13, o poeta celebra, segundo sua imaginação, o triunfo de Tibério sobre a Panônia e a Ilíria. Nele se inclui Germânico, filho de Druso, o Velho, que tinha como tio e pai adotivo Tibério e como avó Lívia. Tendo desposado Agripina, neta de Augusto, reunia amplas condições para ser o próximo *princeps*, porquanto já haviam morrido os herdeiros naturais: Marcelo, Agripa, Gaio e Lúcio César. Nascido no ano 15 a.C., tinha 22 anos quando Ovídio partiu para o desterro. Em várias epístolas se enaltecem as suas virtudes (cf. II 2, II 5, IV 5, IV 8 etc.). Por volta do ano 14, para agradecer a Germânico ou conquistar sua simpatia, Ovídio dedica a ele a segunda edição dos *Fastos*.

A notícia do triunfo do César chegou também a estes lugares onde mal chega a lânguida aura do fatigado Noto. Pensava que na região cítica nada me seria agradável: agora este lugar é menor motivo de ódio do que o foi antes. Enfim, dissipada a nuvem de minhas preocupações, pude ver algo sereno e consegui burlar a minha má sorte. Embora o César não queira que me seja proporcionada nenhuma alegria, pode permitir que ao menos esta chegue a todos. Os deuses, também, para que sejam venerados por todos com jubilosa piedade, ordenam que se afaste a melancolia durante seus dias festivos. Portanto – ousar confessá-lo é seguramente uma insanidade –, eu desfrutarei deste momento de gáudio, ainda que ele mesmo mo proíba. Sempre que Júpiter socorre os campos com chuvas profícuas, a bardana tenaz costuma crescer misturada com a messe. Também eu, erva inútil, sinto a influência de um frutífero nume e, apesar de tudo, sua ajuda me socorre muitas vezes. As alegrias da família do César, como cidadão que sou, são minhas: essa casa nada possui de privativo.

Eu te agradeço, ó Fama! Graças a ti, recluso no meio dos getas, foi contemplado por mim o fausto do triunfo! Aprendi, sendo tu a informante, que recentemente inúmeros povos haviam-se reunido para contemplar a face do seu chefe e que Roma, cujas vastas muralhas abraçam o imenso orbe, mal teve espaço para tantos hóspedes! Tu me contaste que, embora muitos dias antes o nebuloso Austro houvesse derramado copiosas chuvas, o Sol brilhou sereno com sua luz celeste, estando o dia acorde ao semblante do povo e que, assim, o vencedor entregou o galardão militar aos heróis, que receberam a honra do louvor em alta voz, e que, antes de revestir-se com a toga bordada, ilustre insígnia, ofereceu incenso sobre os fogos sagrados e aplacou piedosamente a Justiça de seu pai, que sempre ocupa um lugar sagrado em seu coração. E, por toda parte por onde passava, o feliz presságio se uniu aos aplausos e as pedras do pavimento avermelharam com um rocio de rosas; traziam-se, em seguida, as imagens revestidas de prata das cidades bárbaras, imitando muralhas derruídas com homens pintados, rios, montes e combates nas profundezas das florestas, e suas armas misturadas às flechas no cúmulo triunfal, e, por causa do ouro dos troféus, que o Sol fazia resplandecer, os tetos do Foro Romano pareciam dourados, e traziam correntes à volta dos pescoços cativos quase tantos chefes quantos teriam sido suficientes para formar um exército inimigo. A maior parte destes, entre os quais Bato, a alma e o chefe desta guerra, recebeu a vida e o perdão. Por que negaria eu que a cólera da divindade pudesse aplacar-se em meu benefício, quando vejo que os deuses são indulgentes com os inimigos? Este mesmo murmúrio me fez saber, Germânico, que as cidades iam inscritas com teu nome e que não foram bastante seguras contra ti, nem pela robustez dos seus muros, nem por suas armas, nem pela natureza do lugar.

Que os deuses te proporcionem anos! O resto, tomá-lo-ás de ti mesmo, desde que haja longos dias para tua virtude. O que peço ocorrerá – algum valor têm os oráculos dos poetas –, pois um deus acenou com sinais favoráveis a meus anseios. Também a ti Roma, jubilosa, te verá puxado por cavalos coroados subir vitorioso ao monte Tarpéio e teu pai, testemunha das honras tão cedo concedidas ao filho, sentirá os gozos que ele próprio proporcionou aos seus. Observa tu, que és o mais ilustre dos jovens, tanto na guerra como na paz, que eu te dou profetizando esta certeza. Em meus poemas talvez eu também celebre este triunfo, se minha vida resistir aos meus padecimentos, se antes não tingir com meu sangue flechas cíticas, ou se o feroz geta não me decapitar com sua espada. Portanto se, estando eu ainda vivo, te for oferecida nos templos a coroa de louro, dirás que duas vezes meus vaticínios foram cumpridos.

2. A Messalino

> O motivo desta nova epístola, escrita nos primeiros meses do ano 13, é aproveitar o triunfo de Tibério sobre a Panônia e a Ilíria, em que Messalino havia desempenhado importante papel, para implorar a intercessão deste junto a Augusto.

Nasão, aquele que desde seus primeiros anos venerou vossa família, confinado à orla esquerda do Ponto Euxino, envia-te, Messalino, do país dos indómitos getas esta saudação que costumava dar-te pessoalmente. Ai de mim se, lido meu nome, não mantiveres o mesmo semblante e hesitares em prosseguir lendo o resto! Acaba de ler e não relegues minhas palavras junto comigo: a meus versos lhes está permitido permanecer em vossa cidade. Não imaginei, sobrepondo o Pélion sobre o Ossa, poder tocar com a mão os rutilantes astros; não segui a insensata expedição de Encélado[1], movendo as armas contra os deuses, soberanos do universo; como fez a temerária destra do filho de Tideu[2], não ataquei com meus dardos a nenhuma divindade. Minha culpa é grave, todavia se atreveu apenas a arruinar-me a mim, e não ousou nenhum delito maior. Não posso ser considerado senão insensato e temeroso: estas são as duas reais denominações para meu espírito.

Na verdade, reconheço que, após a merecida cólera do César, tens até razão de ser pouco acessível às minhas

---

1. Encélado, um dos gigantes que ousaram fazer guerra aos deuses, foi perseguido por Atena, que o encerrou no Etna.
2. O filho de Tideu é Diomedes.

súplicas, pois tal é tua veneração a toda a Família Júlia que te sentes agravado quando alguém daí o é. Ainda, porém, que estejas provido de armas e me ameaces com cruéis feridas, não conseguirás, nada obstante, intimidar-me. A nave troiana acolheu o grego Aqueménide[3] e a lança do filho de Peleu foi proveitosa ao chefe mísio[4]. Às vezes, o profanador de um templo se refugia junto ao altar e não receia invocar a ajuda da divindade ofendida. Alguém diria que tal atitude é temerária: admito-o, porém minha nave não segue por plácidas águas. Busquem outros a sua segurança; a condição mais desgraçada é segura, porquanto lhe falta o temor a uma situação pior. Quem é arrastado *** estende as mãos às beiras pungentes das duras rocas; a ave que com suas asas agitadas voa temerosa do gavião, fatigada se atreve a chegar ao seio do homem; a cerva que foge espavorida dos cães hostis não titubeia em confiar-se a uma casa vizinha.

Rogo-te, amabilíssimo amigo, que dês acesso às minhas lágrimas; não feches tua rígida porta às minhas temerosas palavras e, favorável, transmite-as aos numes romanos não menos venerados por ti que o deus Tonante da rocha Tarpéia e, como embaixador de minha missão, acolhe minha causa, conquanto sob meu nome nenhuma causa seja boa. Já quase moribundo, por certo já frio, se porventura me salvar serei salvo com dificuldade por ti. Que agora teu favor, que o amor do príncipe eterno te outorga, se interesse por minha desesperada situação.

---

3. Aqueménide, filho de Adamasto de Ítaca, abandonado por Ulisses, quando fugia de Polifemo, no país dos Ciclopes, foi recolhido por Enéias, que lhe preservou a vida às escondidas destes Gigantes (*Eneida* III 588 ss.).

4. O chefe mísio é Télefo, filho de Hércules e rei da Mísia, ferido por Aquiles com sua lança e curado depois pela ferrugem da mesma (P. Grimal, *op. cit.*, p. 496).

Que agora te assista também esse brilho na eloqüência próprio de tua família, com o qual pudeste ser útil aos atribulados réus, pois vive em ti o talento oratório de teu pai e esse patrimônio encontrou seu herdeiro. Imploro-o não para que ele tente defender-me, porquanto não se defende a causa de um réu confesso. Vê, não obstante, se podes escusar meu ato pelo erro que o causou ou se não convém remover em nada tal questão. Esta é uma espécie de ferida que, por não ser curável, creio que é mais seguro não apalpá-la.

Cala-te, língua! Não se pode contar nada mais. Gostaria de poder cobrir eu mesmo as minhas cinzas. Fala, pois, como se nenhum erro me tivesse ludibriado, para que eu possa desfrutar da vida que ele me outorgou. Quando ele estiver sereno e houver deixado esse semblante que move consigo as terras do Império, roga-lhe que não me deixe ser débil presa dos getas e que me conceda, para meu miserável desterro, um solo aprazível. O momento é propício para as súplicas: ele se encontra bem e te vê, Roma, feliz e forte pelo poderio que te deu; sua esposa, incólume, conserva fielmente seu tálamo; seu filho amplia os confins do Império ausônio[5]; o próprio Germânico supera a passagem dos anos por sua coragem e o valor de Druso não é menor que sua nobreza[6]. Acresce a isto que se encontram bem suas devotadas noras e netas e os filhos dos seus netos, bem como os demais membros de sua augusta casa. Acresce o recente triunfo sobre os peônios[7],

---

5. Trata-se de Tibério, filho adotivo de Augusto, que acabava de obter importantes vitórias na Germânia, Panônia e Dalmácia, entre os anos 9 e 12 d.C. (*Tr.* IV 2 e *P.* II 1).

6. Germânico contava então 28 anos de idade, enquanto Druso Menor, 26 (J. G. Vásquez, *op. cit.*, n.º 14, p. 414).

7. Os peônios viviam na região montanhosa do norte da Macedônia, entre a Trácia e a Ilíria.

acresce à paz os braços submetidos da montanhosa Dalmácia. A Ilíria, depostas as armas, não recusou suportar sobre sua servil cabeça o pé do César. Ele próprio sobre o carro, com seu plácido semblante atraindo os olhares, tinha entrelaçados às têmporas os ramos da donzela de Febo[8]. Enquanto avançava, seguia-o convosco[9] a piedosa prole, digna de seu pai e dos títulos recebidos, semelhante aos Irmãos, aos que por ocuparem templos próximos contempla de sua excelsa mansão o divo Júlio[10].

A estes, diante dos quais tudo deve ceder, não recusa Messalino que ocupem o primeiro posto na alegria; depois deles, não há ninguém que sobrepujes na disputa do afeto. Honrarás antes de tudo esse dia em que o digno laurel, concedido com todo merecimento, foi colocado sobre tua honorável cabeleira. Felizes os que puderam contemplar estes triunfos e desfrutar do aspecto de seu chefe semelhante ao dos deuses! Quanto a mim, em lugar do rosto do César, tenho que olhar os dos sármatas, uma terra sem paz e um mar encadeado pelo gelo.

No entanto, se tu me ouvires, se minha voz chegar até aí, seja tua influência persuasiva para mudar o lugar do meu desterro. Teu famoso pai, a quem venerei desde minha mais tenra idade, não te pede outra cousa, se é que sua eloqüente sombra tem algum sentimento. O mesmo te pede também teu irmão, embora tema, talvez, que tua

---

8. A "donzela de Febo" é Dafne, a ninfa amada por Apolo que, ao ser perseguida pelo deus, invocou a Terra, sua mãe, e foi transformada em loureiro (*Met.* I 452 ss.).

9. Trata-se de Messalino e Cota Máximo que, tendo servido sob o comando de Tibério, eram partícipes do triunfo.

10. Castor e Pólux tinham seu templo no Foro Romano, próximo ao dedicado a Júlio César.

preocupação por salvar-me possa prejudicar-te. O mesmo te implora toda a tua família, e tu mesmo não podes negar que eu também fiz parte de tua companhia. À exceção da *Arte*, aprovavas amiúde meu engenho poético, do qual tenho consciência de ter feito mau uso. Minha vida não pode ser motivo de vergonha para tua casa, se prescindires só das minhas últimas faltas. Assim, pois, gozem de prosperidade os santuários de tua família e te protejam os deuses e os Césares. Implora a este nume clemente, mas justamente irritado comigo, que me livre da crueldade do território cítico. É difícil, admito-o, porém o valor procura a dificuldade e por tal benefício meu reconhecimento será maior. Por outro lado, não será nem Polifemo[11] no antro profundo do Etna, nem Antífates[12], que escutará tuas vozes, senão um pai tranqüilo e generoso, pronto ao perdão e que com freqüência troa sem o fogo do raio. Ele mesmo se entristece quando tem que decretar algo triste, e impor um castigo é para ele quase seu próprio castigo. Sua clemência, nada obstante, foi superada por minha culpa e sua cólera obrigada chegou a empregar suas forças. Como estou afastado da pátria por todo o universo e não posso prostrar-me aos pés das próprias divindades, leva, como sacerdote, estes encargos aos deuses que veneras, porém acresce também às minhas vozes as tuas próprias preces. Não intentes, nada obstante, esta missão, se creres que será prejudicial. Perdoa-me: por ter naufragado, tenho medo de todos os mares.

---

11. Polifemo, que se alimentava de carne crua, aparece na narração homérica (*Odisséia* I 71 ss. e IX 187 ss.) como o mais horrível e selvagem dos Ciclopes sicilianos.

12. Antífates é o rei cruel dos Lestrigões que massacrou os marinheiros de Ulisses.

3. A Cota Máximo

> O poeta exalta os valores morais. Foi na amizade desprendida que o poeta confiou, ao partir para o desterro, quando nutria a esperança de, por intermédio de seus destinatários tão influentes, ser perdoado e regressar a Roma; nele, continua confiando para conseguir, ao menos, uma transferência para um lugar menos glacial e inseguro.

Máximo, tu que pelo brilho de tuas virtudes estás à altura de teu nome e não deixas que teu talento seja sufocado pela tua nobreza, tu, que eu honrei até o derradeiro instante de minha vida (em que, aliás, difere da morte meu estado atual?), ao não repudiares um amigo desgraçado, levas a bom termo uma ação que é extremamente rara em tua época.

Na verdade, é vergonhoso dizê-lo mas, se quisermos confessar a verdade, o vulgo aprova as amizades por sua utilidade. Preocupa-se mais com o que convém do que com o que é honesto e a fidelidade mantém-se firme ou se perde com a fortuna. Difícil é encontrar-se um só entre muitos milhares que pense que a virtude é sua própria recompensa. A própria honra de uma ação reta, se faltar a recompensa, não estimula a ninguém e se arrepende de ser honesto gratuitamente. Não é digno de apreço senão o que traz proveito. Arrebate-se a um espírito ávido a esperança de ganho e não se encontrará mais nenhum virtuoso. Ao contrário, cada um se prende aos seus lucros e suputa com dedos inquietos aquilo que lhe pode ser útil. A amizade, nume venerável em outros tempos, prostitui-se e, qual meretriz, se rende a quem a compra.

Por isso, admiro-me mais ainda de que tu não te deixes também arrastar, como por águas torrenciais, pela corrente do vício comum. Ninguém é amado a não ser aquele a quem a Fortuna é favorável a qual, tão rápido como troa, afugenta tudo que se encontra a seu redor.

25   Aqui me encontro eu que era rodeado em outro tempo por não poucos amigos, enquanto uma aura propícia soprou minhas velas. Quando as ondas furiosas intumesceram sob um vento proceloso, fui abandonado no meio das águas com minha nave destroçada e quando outros não queriam sequer aparentar que me conheciam,
30 dois ou três apenas me socorrestes em minha aflição. Deles, tu foste o primeiro; tu, na verdade, não te sentias honrado sendo acompanhante mas conselheiro, não pedindo senão dando exemplo. A ti, que declaras, após havê-lo examinado, que eu não cometi senão uma falta, te agradam a honradez e o dever de modo espontâneo.
35 Segundo teu juízo, a virtude não tem necessidade de recompensa e deve ser buscada por si mesma, sem estar acompanhada de bens externos. Consideras torpe discriminar um amigo por ser digno de compaixão e, por ser desgraçado, deixar que seja teu amigo. É mais humano
40 pôr a mão sob o queixo exausto de quem nada que afundar seu rosto nas líqüidas águas. Vê o que faz o neto de Éaco por seu amigo depois de morto[13]: pensa que esta minha vida parece uma morte. Teseu acompanhou a Pirítoo até as águas estígias[14]: quanto dista minha morte da

---

13. Aquiles, neto de Éaco, que vingou a morte do amigo Pátroclo, morto no cerco de Tróia por Heitor (*Ilíada* XVI e XXIII).

14. Teseu acompanhou a Pirítoo aos infernos para raptar Prosérpina, mas nele ficou retido com o amigo. Posteriormente, obteve Hércules sua libertação, menos a de Pirítoo.

água do Estige? O jovem da Fócida assistiu a Orestes em sua loucura[15]: quanto a minha culpa, ela tem não pouco de insanidade.

Aprova também tu, como fazes, a glória de tão insignes varões e presta a ajuda possível ao que tropeçou. Se te conheço bem, se continuas sendo agora como costumavas ser antes e se teu entusiasmo não se debilitou, quanto mais se exaspera a Fortuna mais resistes tu e, como deve ser, procuras que ela não triunfe sobre ti; para bem combateres, precisas de um inimigo que combata bem. Assim, a mesma causa me beneficia e me prejudica.

Sem dúvida, jovem mui querido, tu consideras indigno de te tornares companheiro da deusa que se mantém sobre a roda. És perseverante e, posto que as velas de minha nave maltratada não se encontrem como gostarias, tu as diriges tais como estão. E esta ruína, tão sacudida que parecia que já ia desmoronar-se, ainda se sustém em pé, escorada por teus ombros.

Tua cólera, na verdade, foi legítima no princípio e não foste mais indulgente que aquele que, com toda razão, estava ofendido comigo. E o ressentimento, que havia golpeado o peito do grande César, juravas logo que também era o teu. Quando, porém, ouviste a origem de minha ruína, consta que tu choraste por meus erros. Tua carta veio, então, proporcionar-me o primeiro consolo e dar-me a esperança de que o deus ofendido poderia abrandar-se. Moveu-te, então, a constância de uma longa amizade iniciada para mim antes de teu nascimento. O que para outros tu chegavas a ser, ao nasceres já eras meu amigo, tendo em vista que ainda no berço te dei os

---

15. O jovem da Fócida é Pílades, célebre pela amizade que o uniu a Orestes.

primeiros beijos. Como a tua casa foi honrada por mim desde meus primeiros anos, agora sou forçado a ser para ti uma velha carga.

Teu ilustre pai, eloqüência da língua latina, não inferior a sua nobreza, foi o primeiro a me encorajar a que ousasse confiar os meus poemas à fama: ele foi o guia de meu engenho. Asseguro-te que teu irmão não é capaz de dizer desde quando começou a ser objeto de minha honra. Nada obstante, amei-te de tal maneira mais que a qualquer outro que só tu foste o objeto de minha afeição em qualquer circunstância.

Foi a Ilua etália a última que me viu em tua companhia e acolheu as lágrimas que caíam em meu rosto aflito[16], quando tu me interrogaste se era certa a notícia que havia divulgado a malvada Fama sobre a minha culpa. Eu permanecia indeciso entre confessá-la ou negá-la: o receio dava-me as marcas do terror e, como a neve que o pluvioso Austro derrete, brotava uma lágrima e caía por minha face estupefata.

Recordando, pois, tais fatos e vendo que meu delito pode bem ser escusado como se escusa um primeiro erro, tu observas o velho amigo no meio da ruína e alivias minhas feridas com teus remédios. Por estes benefícios, se me for possível formular um desejo, peço mil recompensas para quem tanto as merece. Se, porém, apenas teus votos me forem formulados, rogarei que, estando bem o César, tua mãe também se encontre bem de saúde. Recordo que era este o primeiro pedido que costumavas dirigir aos deuses, quando espalhavas farto incenso sobre os altares.

---

16. Ovídio se encontrava na ilha de Elba, em companhia de Cota Máximo, quando recebeu a notícia de sua condenação. A ilha era chamada *Aetholia* pelos gregos (J. G. Vásquez, *op. cit.*, n.º 30, p. 421).

4. A Ático

> O destinatário desta epístola, Cúrcio Atico, era bom amigo de Ovídio em outro tempo, além de crítico das criações deste antes da publicação (cf. v. 15 a 18). Parece que a amizade entre ambos se desgastara ultimamente. Ovídio aproveita a influência deste *illustris eques* para pedir-lhe sua intercessão e proteção junto a Tibério (cf. v. 31 ss.).

Ático, que na minha opinião não deve despertar a menor suspeita, recebe a carta que te envia Nasão do gelado Istro. Acaso te manténs fiel à memória do desventurado amigo ou tua debilitada solicitude abandona sua causa? Oxalá os deuses não sejam tão funestos que me incline a crê-lo, para que julgue legítimo que tu não te lembras mais de mim! Tua imagem permanece sempre viva diante dos meus olhos e com meu espírito creio contemplar teu rosto. Recordo as numerosas conversas que mantivemos sobre temas sérios e os não raros momentos voltados a divertidos passatempos. Com freqüência as horas nos pareceram curtas para nossas longas trocas de idéias; com freqüência o dia foi mais breve que nossas palavras. Com freqüência os versos que eu acabava de compor chegaram a teus ouvidos e minha nova Musa se submeteu a teu julgamento[17]. O que tu havias elogiado me parecia ter tido a aprovação do público. Tal era a doce recompensa de meus recentes trabalhos. Para que meu livro fosse polido pela lima do amigo, em mais de uma oca-

---

17. Há várias alusões nas elegias do desterro sobre o costume de Ovídio e seus amigos lerem os poemas inéditos antes da publicação (*Tr.* III 7, 23-6 e *P.* III 5, 39-40 etc.).

sião se fizeram emendas seguindo teus conselhos. Juntos nos viram os foros, todos os pórticos, as ruas e, um ao lado do outro, nos viram os anfiteatros. Enfim, caríssimo amigo, sempre houve tanto afeto entre nós como entre o descendente de Éaco e o de Nestor[18].

Ainda que bebesses as copas do Lete[19], que afasta as preocupações, não creria que tais recordos pudessem esvanecer da tua memória. Os dias serão longos sob os astros de inverno, as noites de inverno serão mais curtas que as do solstício de verão, Babilônia não sentirá mais o calor e o Ponto o frio, a fragrância da calêndula superará a das rosas do Pesto antes que sobrevenha a ti o olvido de minha situação: deste modo, algum aspecto de minha sorte é luminoso. Cuida, nada obstante, que não se diga que minha confiança tenha sido falaz e néscia a minha credulidade. Com fidelidade constante protege teu velho amigo, tanto quanto o puderes e contanto que para ti eu não seja um fardo.

---

18. O descendente de Éaco é seu neto Aquiles, e o de Nestor seu filho Antíloco. Este passa na Ilíada por ser, depois de Pátroclo, o melhor amigo de Aquiles (cf. *Ilíada* XV 569 ss. e *Odisséia* XXIV 72 ss.).

19. Rio infernal, cujo nome significa "olvido", "esquecimento da vida terrestre".

5. *A Salano*

> Salano, poeta e orador, foi mestre de retórica de Germânico. Ao que parece, não era amigo íntimo de Ovídio, mas teria lamentado sua condenação. O poeta envia-lhe esta carta após o triunfo de Tibério em que Germânico teve notável participação, pedindo-lhe que interceda por ele junto àquele que reunia amplas possibilidades à sucessão do Império. Indiretamente é a Germânico que Ovídio pretende comover, declarando-o digno de suceder a Tibério. Vivendo numa terra que menos desfruta da Paz de Augusto, ele volta a queixar-se da diminuição de sua capacidade criadora.

Eu, Nasão, envio a meu amigo Salano frases dispostas em versos desiguais precedidas de minha saudação. Desejo que sejam aprovadas e, para que a realidade confirme meu augúrio, peço que em boa saúde, amigo, possas lê-los. Tua lealdade, virtude quase extinta neste 5
tempo, exige que eu, amigo teu, faça tais votos. Na verdade, conquanto não estivesse unido a ti por íntimos vínculos, diz-se que te apiedaste de meu desterro. Lendo meus poemas enviados dos confins do Ponto, ampa- 10
raste-os com teu favor tais como são; tu desejaste que para minha salvação a cólera do César fosse breve, desejo que ele mesmo te permitiria se o soubesse. Seguindo teu costume, formulaste-me esses votos tão benévolos quanto agradáveis. O que deve comover-te mais entre mi- 15
nhas desgraças é, sem dúvida, doutíssimo amigo, a condição do lugar em que estou. Dificilmente, crê-me, descobrirás em todo o orbe outra plaga que desfrute menos da Paz de Augusto. Tu, nada obstante, lês estes versos 20
compostos entre feras batalhas e, uma vez lidos, aprova-os favoravelmente e aplaudes meu talento, que mana de

uma veia empobrecida, e de um riacho fazes um caudaloso rio. Estes sufrágios, por certo, são agradáveis ao meu coração, porquanto os desgraçados, tu o sabes, podem dificilmente estar satisfeitos consigo mesmos.

Quando, nada obstante, procuro compor poemas sobre assuntos de pouca relevância, meu engenho é suficiente para uma matéria sutil. Há pouco, quando aqui repercutiu a notícia de um grande triunfo, tive a pretensão de encarregar-me do peso de uma tal obra. A solenidade e o esplendor do argumento sepultaram minha audácia e não pude suportar a magnitude de tal empresa. Nesse poema haverá uma boa vontade que poderás louvar; o resto foi sufocado pelo tema. Se, por acaso, este livro chegou aos teus ouvidos, eu te recomendo que lhe concedas tua proteção. Como lha concederias mesmo que não ta pedisse, que se acresça também um pequeno tributo de minha gratidão. Não mereço ser louvado eu, porém teu coração, mais branco que o leite e que a neve não pisada. Tu admiras os demais, quando tu mesmo és digno de admiração, e tua arte e tua eloqüência são brilhantes. O Príncipe da Juventude, o César a quem dá seu nome a Germânia, costuma contar-te como companheiro de seus estudos. Tu, seu velho amigo e ligado e ele desde os primeiros anos, lhe agradas por teu talento não inferior a teu caráter. Como falaste primeiro, ele se sentiu entusiasmado pelos estudos. Ele te considera como quem estimula suas palavras com as tuas. Quando cessaste de falar, quando as bocas mortais se calaram e, fechadas, emudeceram por algum tempo, levanta-se este jovem digno do nome de Iulo, qual Lúcifer surgindo das águas do Oriente. Enquanto permanece em pé, em silêncio, sua atitude e seu semblante são os de um orador e seu modo decoroso de vestir abriga a esperança de uma voz eloqüente. Depois, quando o tempo passou e sua boca divina se abre, jurar-se-ia que assim costumam falar os deuses e se diria: "Esta é uma eloqüência digna de um príncipe!" Quanta nobreza há em seu modo de falar! Embora tu gozes de seu favor e com tua cabeça toques os astros, julgas, nada obstante, que merecem louvores as obras de um poeta exilado. Há, sem dúvida, uma simpatia entre engenhos unidos e cada um conserva as alianças de sua afeição: o homem do campo ama o lavrador, o soldado ama aquele que leva a bom termo feros combates, o marinheiro ama o piloto de uma nave flutuante. A ti também, amante dos estudos, te domina o gosto pelas Piérides e tu, que és um homem de talento, sentes simpatia por meu engenho.

Nossas obras são distintas, mas provêm das mesmas fontes e ambos cultivamos as artes liberais. O tirso e o laurel, que saboreei, te são estranhos porém, nada obstante, o entusiasmo nos é necessário a ambos. Assim como a tua eloqüência confere vigor a meus ritmos, do mesmo modo eu dou brilho às tuas palavras. Pensas, pois, com razão, que meus poemas estão próximos de teus estudos e que cumpre, como companheiros de combate, servirmos o mesmo culto.

É por isso que desejo que o amigo, por quem tu és admirado, permaneça até os últimos instantes da tua vida e que suceda aos seus, como moderador das rédeas do mundo! Eis o que comigo anela todo o povo.

6. *A Grecino*

    Esta epístola tem íntima relação com a sexta do primeiro volume, em que Ovídio informava sua desgraça a Grecino, que se encontrava ausente de Roma, na noite de sua partida para o desterro. Grecino não teria respondido a Ovídio com um tom moderado e compreensivo, mas reprovado sua falta. Para ele o desterro foi um castigo mui brando proporcionalmente ao *error* cometido. O poeta refuta que já é tarde para recriminações e que os amigos devem permanecer fiéis, máxime nos momentos infelizes.

    Com estes versos o infeliz Nasão saúda das águas do Ponto Euxino a Grecino, saudação que costumava exprimir de viva voz em sua presença. Esta é a voz de um desterrado: a carta me subministra a palavra e, se não me fosse permitido escrever, permaneceria mudo.

5   Tu reprimes, como deves, as faltas de um insensato amigo e me fazes ver que suporto males menores que os que mereci. Tens razão, porém as repreensões à minha culpa são demasiado tardias: renuncia à aspereza de tuas palavras contra um réu confesso. Quando podia dobrar os montes Ceráunios[20], a todo o pano, era quando
10 deveria ter sido aconselhado a evitar os temíveis escolhos. De que me adianta aprender agora, uma vez que naufraguei, por qual trajeto teria que seguir minha barca? Estende antes teus braços a quem está exausto de nadar, para que possa aferrar-se a eles e não te arrependas de
15 pôr tua mão sob seu queixo. É o que fazes e te rogo que

---

20. Os montes Ceráunios constituíam uma cadeia montanhosa ao longo da costa, entre a Macedônia e o Epiro. Eram famosos pelas furiosas tempestades que se desencadeavam por essas paragens, bem como pelos perigosos escolhos que continham (J. G. Vásquez, *op. cit.*, n.º 40, p. 431).

o sigas fazendo. Oxalá tua mãe e tua esposa, teus irmãos e toda tua família estejam bem! E, o que costumas pedir sempre com teu coração e com tua voz, oxalá todos os teus atos sejam agradáveis aos Césares! Será torpe para ti não haver prestado teu apoio em nenhum sentido ao velho amigo em sua desgraça! Será torpe retroceder e não se manter firme em sua posição! Será torpe abandonar a nave que se encontra em perigo! Será torpe regrar-se na sorte, freqüentar um favorecido da Fortuna e, por ser um desgraçado, renegar o amigo!

Não foi assim que viveram os filhos de Estrófio e de Agamêmnon[21]; não foi essa a lealdade entre o filho de Egeu e Pirítoo. As gerações passadas os admiraram, admirá-los-ão as vindouras e todos os teatros ressoam com os aplausos a eles dedicados.

Tu, também, que conservaste minha amizade em tempos adversos, és digno de que figure teu nome entre tão insignes varões. Sim, tu és digno e, visto que mereces louvor por tua piedade, meu reconhecimento não se manterá surdo aos teus serviços. Crê-me: se meus versos forem imortais, tu estarás amiúde na boca da posteridade. Procura somente, Grecino, permanecer fiel a este homem cansado e que teu entusiasmo perdure por longo tempo. Embora venhas agindo desta forma, mesmo ajudado pelo vento, eu me valho de remos e não é prejudicial esporar o cavalo lançado ao galope.

---

21. Nova referência à amizade de Pílades, filho de Estrófio, rei da Fócida, e Orestes, filho de Agamêmnon.

7. A Ático

Ao que parece, a carta anterior enviada a Ático não havia obtido resposta. Por isso, Ovídio volta a escrever-lhe esta bem mais extensa, em que trata de dois pontos mui concretos mediante uma série de comparações: o medo que o domina em Tomos e os inúmeros sofrimentos por que já passou.

A carta que te envio, Ático, do território mal pacificado dos getas, pretende, em primeiro lugar, que tu recebas minha saudação. Desejo, em seguida, ouvir o que fazes e se te recordas ainda de mim, quaisquer que sejam tuas ocupações. Eu não duvido de que seja assim, porém o próprio temor de minhas desgraças me obriga a ter amiúde medos infundados. Rogo-te que me desculpes, e perdoa-me o nímio receio. Quem sofreu um naufrágio também se horroriza com as águas tranquilas. O peixe, que uma vez foi ferido pelo anzol enganoso, crê que sob todo alimento se oculta um gancho de bronze. Foge amiúde de um cão visto à distância a ovelha, confundindo-o com um lobo e, sem sabê-lo, acaba evitando a sua ajuda. Os membros feridos temem, inclusive, um suave contato, e uma sombra vã inspira temor aos angustiados.

Assim eu, traspassado pelos cruéis dardos da adversidade, não concebo senão melancolia em meu coração. É evidente que meu destino, seguindo o curso já iniciado, irá sempre pelas vias que lhe são habituais. Acho que os deuses estão atentos, para que nada amável me ocorra e que dificilmente poderei burlar a Fortuna. Ela tem a preocupação de arruinar-me e a que costumava ser volúvel persegue-me agora de modo constante e com toda resolução.

Crê-me: se me reconheceste como pessoa que diz a verdade – e poder-se-ia pensar o contrário, apesar de minhas evidentes desgraças –, contarás as espigas da messe da Cinífia[22] e conhecerás a quantidade de tomilho que floresce no alto Hibla[23] e saberás quantas aves se elevam no ar com o movimento de suas asas e quantos peixes nadam no mar antes que determines a soma dos sofrimentos que eu padeci em terra e no mar. Não há em todo o universo um povo mais selvagem que os getas e, nada obstante, estes deploraram os meus infortúnios. Se eu tentasse relatá-los e descrevê-los em meus memoráveis versos, o relato de meus destino formaria uma longa *Ilíada*.

Assim, pois, não deveria eu temer porque creia que se deve ter medo de ti, de cuja afeição me deste mil provas, senão porque todo desgraçado é algo temeroso e porque há muito tempo está fechada a porta a minha alegria. A minha dor já chegou a converter-se num hábito. Assim como os rochedos são cavados pelo choque repetido da água que cai, assim eu sou ferido pelos golpes contínuos da adversidade. Já não há mais lugar em meu corpo para novas chagas. A relha não é mais desgastada por um constante uso, a Via Ápia não é mais usada pelo orbe das rodas que meu coração está ofuscado por uma seqüência de desgraças e nada encontrei que me prestasse ajuda.

....

22. A Cinífia deve seu nome ao rio Cínife, na África Setentrional, que corre entre as duas Sirtes e desemboca no Mediterrâneo, não longe de Léptis Magna, atravessando uma região muito fértil (J. André, *op. cit.*, n.º 1, p. 62).

23. O Hibla é um monte situado na costa oriental da Sicília, perto de Siracusa, famoso pelo mel que as abelhas extraíam dos seus tomilhos (J. G. Vásquez, *op. cit.*, n.º 44, p. 434).

Muitos buscaram a glória nas artes liberais; eu – desgraçado de mim! –, perdi-me a mim mesmo por meus próprios dotes. Minha vida anterior carece de defeitos e foi vivida sem mácula: nada obstante, nenhum auxílio me prestou em minhas desgraças. Amiúde se obtém o perdão de uma falta grave através dos rogos dos amigos: todos que tinham alguma influência permaneceram mudos em meu favor. A presença, em circunstâncias difíceis, favorece alguns: uma grande tormenta arruinou a minha vida em minha ausência. Quem não há de temer a cólera, mesmo silenciosa, do César? À minha punição acresceram-se ásperas palavras. Dependendo da época, o exílio pode tornar-se menos penoso: arrojado ao mar, tive que sofrer a ameaça de Arcturo e das Plêiades. Às vezes, as embarcações costumam desfrutar de um inverno tranquilo: com a nave de Ítaca as ondas não foram tão cruéis. A fiel lealdade dos meus companheiros poderia aliviar as minhas amarguras: uma pérfida turba se locupletou com meus despojos. O lugar do desterro pode torná-lo mais suave: não há sob os dois pólos outra região mais melancólica que esta. De algo serve estar próximo das fronteiras pátrias: quanto a mim, vivo na extremidade da terra, nos postremos confins do orbe. Teu laurel, ó César, assegura a paz aos próprios desterrados: as plagas do Ponto estão submetidas a um inimigo limítrofe. É ameno passar o tempo cultivando os campos: o bárbaro inimigo não permite que se labore o solo. Com um clima benigno se reconfortam o corpo e o espírito: as costas sármatas estão endurecidas por um frio perpétuo. Há na água doce um prazer que não produz inveja: cá se bebe uma água estancada mesclada com sal marinho.

Tudo me falta. Nada obstante, a tudo vence meu ânimo e faz também que meu corpo tenha forças. Para suster a carga, cumpre retesar fortemente a nuca; se, ao contrário, se deixar que os músculos se relaxem, ela desabará. Também a esperança de poder aplacar com o tempo a cólera do príncipe me faz viver e não desejar desfalecer. E não são pequenos os consolos que me ofereceis vós, que sois poucos em número, porém cuja fidelidade se manifesta em minhas desgraças. Por favor, mantém o que começaste. Não abandones minha nave no mar e conserva igualmente minha pessoa e teu juízo.

8. *A Cota Máximo*

> Cota Máximo enviara as efígies de Augusto, Tibério e Lívia para Ovídio adornar seu altar, o que lhe dá motivo a uma série de louvores e adulações a toda a casa imperial. O poeta augura êxito às operações militares de Tibério e Germânico, sérios candidatos à sucessão do Império.

Há pouco recebi, Máximo Cota, as imagens dos dois Césares[24], os deuses que me enviaste e, para que tua dádiva fosse completa, às dos Césares acresceste a de Lívia. Venturosa prata e mais ditosa que todo o ouro, antes metal disforme, transformada hoje em divindade! Dando-me uma fortuna, tu não me terias proporcionado bens maiores que estes três celícolas, enviados diante dos meus olhos. De algo serve contemplar os numes, pensar que estão presentes e poder falar quase com uma real deidade! Graças a ti estou de volta e já não me encontro mais nos extremos confins do orbe e, como antes, resido, incólume, no centro de Roma! Vejo, como via tempos atrás, as faces dos Césares: mal nutria alguma esperança de realizar tal voto! Saúdo, como antes saudava, o celeste nume. Julgo que nada mais relevante tens a oferecer ao que regressa. Que me falta ver senão o Palatino[25]? Tal palácio, sem o César, não teria nenhum valor. Contemplando-o, parece-me que vejo Roma, porquanto ele representa a imagem da pátria.

---

24. Augusto e Tibério.
25. Alusão à mansão de Augusto no Palatino.

Engano-me ou há na efígie um semblante irritado contra mim e seus traços sombrios têm algo de ameaçador? Perdoa-me, herói maior por tuas virtudes que o imenso orbe, e suspende os golpes de tua justa vingança. Perdoa-me, imploro-te, inolvidável honra de nosso século, cuja solicitude converte em soberano do Universo. Pela divindade da pátria que te é mais querida que a tua própria pessoa; pelos deuses jamais surdos a teus votos; pela companheira de teu leito, que foi a única que se encontrou igual a ti e que é capaz de suportar o esplendor de tua majestade; por teu filho[26], semelhante a ti pela imagem do valor, que por seu modo de comportar-se pode ser reconhecido como teu; e pelos teus netos[27], dignos do seu pai e do seu avô, que avançam a largos passos segundo tuas ordens, alivia numa mínima parte e reduz o meu castigo, e concede-me um lugar bem distante do inimigo cítico! Que tua divindade, César mui próximo ao César, se é lícito, não seja hostil às minhas deprecações! Que a fera Germânia, com o rosto aterrado, possa em breve ser conduzida como escrava diante de teus cavalos de triunfador! Oxalá teu pai alcance a idade de Nestor de Pilos[28] e tua mãe os anos da sibila de Cumas[29] e que possas ser seu filho por muito tempo! Tu, também, digníssima esposa de um marido heróico, acolhe com benevolência os rogos de um suplicante! Que são e salvo permaneça teu esposo, bem como teu filho e teus netos e, com tuas virtuosas noras, as noras que elas geraram! Que Druso,

---

26. Tibério, filho de Augusto por adoção.
27. Germânico e Druso Menor.
28. Nestor, rei de Pilos, viveu três idades de homem, enquanto Augusto viveu 77 anos.
29. Segundo a lenda a sibila de Cumas viveu mil anos; Lívia, 86.

que te arrebatou a cruel Germânia, seja a única vítima de tua prole! Que assim teu filho, como vingador da morte de seu irmão, cavalgue vestido de púrpura sobre níveos cavalos!

Ouvi, ó numes mui clementes, meus temerosos votos; que algo me valha ter os deuses próximos a mim! À chegada do César sai o gladiador da arena com toda a segurança e seu semblante não lhe é de pouca ajuda. A mim também me ajuda contemplar, enquanto me for permitido, vossas faces e receber três deuses em minha única casa. Felizes os que os vêem, não através de seus simulacros, porém pessoalmente, podendo contemplar face a face os reais corpos dos deuses! Posto que um destino adverso mo impede, honro os rostos e a efígie que me subministrou a arte. É assim que conhecem os homens aos deuses, que o elevado éter lhes oculta e, em lugar de Júpiter, venera-se a sua imagem. Enfim, fazei que ela, que está e ficará sempre comigo, não permaneça numa região odiosa. Antes, pois, cairá minha cabeça do meu pescoço e suportarei que me extirpem os olhos das órbitas que vos arrebatem e me veja privado de vós, ó públicas deidades: vós sereis o porto e o altar de meu desterro. Abraçar-vos-ei, se me vir cercado pelas armas géticas; seguir-vos-ei, como se fôsseis minhas águias e meus estandartes. Ou eu me engano e me deixo ludibriar por um nímio desejo ou surge a esperança de um desterro mais propício, porquanto seu aspecto é cada vez menos severo na imagem e me parece que seu rosto aprova minhas palavras.

Peço que se cumpram os pressentimentos de meu espírito receoso e que a cólera do nume, conquanto seja justa, se suavize.

9. Ao rei Cótis

O destinatário desta epístola é o jovem rei da Trácia, Cótis IV, filho de Remetalces. Com a morte deste, Augusto repartiu a administração do reino entre Cótis e Rescupóride. Coube ao primeiro a melhor parte: terras férteis, próximas às cidades gregas, o que fez que, pouco depois de ter recebido esta carta, fosse assassinado pelo tio.

A importância deste príncipe, estudioso das artes liberais e autor de poemas em língua grega, incumbido de manter a segurança nesta região fronteiriça do Império, teria levado Ovídio a enviar-lhe esta carta e pedir-lhe a ajuda.

Cótis, descendente de reis, cuja nobre origem remonta ao nome de Eumolpo[30], se a Fama loquaz já te levou aos ouvidos a notícia de que eu jazo numa porção de terra próxima a teu reino, ouve a voz de um suplicante, ó mui clemente jovem, e, na medida que te for possível, já que o podes, socorre este desterrado. A Fortuna – disto não tenho por que me queixar – confiou-me à tua proteção e nisto, pelo menos, não me foi hostil. Recebe minha nave maltratada em tua benigna orla, para que o pélago não seja mais seguro que a tua plaga.

Crê-me: socorrer os que caíram é próprio de reis e é dever de um homem tão importante como tu mesmo és. Isto se harmoniza com tua fortuna que, por maior que seja, pode todavia apenas igualar teu grande coração. Jamais o poder é admirado por uma causa melhor que quando não deixa que as súplicas sejam vãs. Eis o que reclama tal esplendor de tua linhagem, eis a obra de uma nobreza que

---

30. Eumolpo, filho de Posidão e de Quíone, personagem lendária de origem trácia que, segundo a tradição ática, teria vindo estabelecer-se em Elêusis, onde instituiu os mistérios de Deméter e a cultura da vinha.

procede dos deuses. Eis o que te aconselha Eumolpo, o mui ilustre fundador de tua linhagem, e Erictônio[31], antecessor de Eumolpo. Eis o que tens em comum com a divindade, visto que ambos, quando implorados, costumais socorrer os suplicantes.

Acaso haverá alguma razão pela qual julguemos dignos das honras habituais as divindades, se se prescinde de que os deuses queiram ajudar-nos? Se Júpiter tivesse ouvidos surdos à voz que lhe suplica, por que a vítima iria cair ferida diante do templo de Júpiter? Se o mar não me oferece nenhuma tranqüilidade quando viajo, por que terei que oferecer a Netuno um vão incenso? Se Ceres burla os inúteis votos do laborioso campônio, por que irá receber as entranhas de uma porca prenhe? Jamais um bode oferecerá a garganta ao Baco de longos cabelos, se o mosto não fluir sob os pés que o esmagam. Peço que o César dirija as rédeas do Império tão bem quanto cuida dos interesses de sua pátria. Assim, pois, a capacidade de ser solidários engrandece os homens e os deuses, pois cada qual mostra suas simpatias aos que o ajudam.

Tu também, ó Cótis, digno descendente de teu pai, procura ajudar este desventurado que jaz prostrado em teu território. Convém ao homem o prazer de salvar um semelhante e não há nenhum modo melhor de se granjear a simpatia. Quem não maldiz Antífates, o lestrigão? Quem, ao contrário, reprova a munificente generosidade de Alcínoo[32]? Teu pai não é o tirano de Cas-

---

31. Erictônio, antepassado de Eumolpo, um dos primeiros reis de Atenas.

32. Antífates, rei dos lestrigões, que assassina os marinheiros de Ulisses (*Odisséia* X 81 ss. e XXIII 318 ss.). Alcínoo, rei dos feácios, ao contrário, recebia com hospitalidade os estrangeiros e náufragos em sua corte da ilha Esquênia. Não só acolheu a Ulisses, a quem agasalhou e encheu de presentes, como também lhe ofereceu a própria filha, Nausícaa, em casamento (*ibid.*, VI e VII).

sandréia[33] ou o do povo de Feras[34], muito menos esse que queimou o inventor dentro do seu artefato[35]. És, no entanto, tão terrível na guerra e desconhecedor da derrota nos combates como pouco amante do sangue, uma vez firmada a paz. Acresça-se a isto que o fato de teres estudado fielmente as artes liberais suavizou os teus costumes e deles afastou a ferocidade. Nenhum rei as dominou melhor ou consagrou mais tempo a seu deleitoso estudo. Atestam-no os teus poemas. Se se retirasse deles o teu nome, não se diria que os teria composto um jovem da Trácia. E para que Orfeu não fosse o único vate nesta região, a plaga de Bistônia[36] está orgulhosa de teu talento. Assim como, quando as circunstâncias o reclamam, tens a coragem de empunhar as armas e tingir tuas mãos com sangue inimigo; assim como és hábil em arremessar o venábulo distendendo teu robusto braço e em vergar o pescoço de um cavalo veloz, do mesmo modo, quando dedicaste o tempo necessário às afeições de teus pais e a árdua tarefa não pesa mais sobre teus ombros, para que teu repouso não se enlanguesça num sono improdutivo, tu tomas o caminho do Piério em direção aos rutilantes astros. Tal fato cria também em mim um certo vínculo contigo: ambos praticamos o mesmo culto. Eu, poeta, estendo os braços impetrantes a um poeta, a fim de que tua terra seja segura em meu desterro.

Não vim às margens do Ponto como culpado de um homicídio, nem misturei com minha mão cruéis venenos, nem um escrito suplantado pôde acusar meu anel de ha-

----
33. O tirano de Cassandréia era Apolodoro, famoso por sua crueldade.
34. O tirano de Feras, cidade da Tessália, é Alexandre.
35. Alusão a Fálaris, tirano da siciliana Agrigento, que mandou matar Perilo no touro de bronze, que este havia inventado como instrumento de tortura.
36. Região da costa meridional da Trácia.

70 ver estampado sobre os fios uma falsa marca. Eu nada fiz que a lei me proibisse fazer: nada obstante, tenho que confessar uma falta mais grave que estas. Não me perguntes qual é: escrevi uma insensata *Arte*, a qual me impede de ter mãos inocentes. Não pretendas averiguar se pequei em algo mais, a fim de que minha única culpa resida em minha *Arte*. De qualquer modo, recebeu uma cólera moderada de seu juiz, o qual nada me tirou senão o solo pátrio. Como estou privado deste, que tua vicinidade agora me consiga poder estar seguro numa região execrável!

10. A Macro

> Pompeu Macro, o destinatário desta epístola, foi companheiro de Ovídio desde a juventude. Com ele viajou para a Grécia e o Oriente, tendo-o como guia cultural, devido a seus sólidos conhecimentos da cultura clássica. Posteriormente, Macro foi nomeado por Augusto prefeito da Biblioteca Palatina. Quando foram retiradas das bibliotecas as obras de Ovídio, Macro teve receio de prosseguir amigo do poeta relegado (cf. *Tr.* I 8). Como poeta épico, foi autor de poemas relacionados ao ciclo troiano, sobretudo de um *Antehomerica* (cf. *Amores* II 18, 1 ss.), que compreendia a narração dos feitos que precediam a *Ilíada*: o amor e a cólera de Aquiles, e de um *Posthomerica* (cf. II 10, 13), que narrava a queda de Tróia, omitida na *Ilíada*, que acaba com os funerais de Pátroclo.

Acaso, pela imagem impressa sobre a cera, reconheces, Macro, que estas palavras é Nasão quem tas escreve? Se o anel não é indício de seu autor, reconheces que a carta foi escrita por minha mão? Ou acaso o transcurso do tempo te arrebatou a memória e teus olhos não lembram os antigos caracteres? Mesmo que tenhas olvidado por igual o anel e a mão, que, ao menos, não esvaneça tua preocupação por mim. Preocupação que tu me deves pela amizade de tantos anos, quer pelo fato de que minha esposa não é uma estranha em relação a ti, quer pelo estudo do qual usaste com mais prudência que eu: como convinha, tu não te tornaste culpado por nenhuma *Arte*. Tu cantas a seqüência do imortal Homero para colocar a última mão à Guerra de Tróia. O pouco prudente Nasão, ao transmitir por escrito sua *Arte de amar*, recebe a triste recompensa da doutrina que ensinou.

Nada obstante, os poetas têm cultos comuns entre si, embora cada um de nós siga um caminho diferente.

Suponho que deles te recordas, apesar da distância que nos separa, e que queres aliviar minhas desgraças. Tendo-te como guia, visitei as cidades magníficas da Ásia; tendo-te como guia, contemplei com meus próprios olhos a Trinácria[37]; vimos o céu resplandecer com as chamas do Etna, que expele a boca do gigante que jaz sepulto sob a montanha, os lagos de Hena[38], os pântanos fétidos do Palico[39], e o Anapo[40] misturando suas águas às de Cíane[41]. Não distante daqui, eis a Ninfa que, fugindo do rio da Élide, ainda hoje corre oculta sob a água do mar[42]. Foi aí que passei grande parte do curso de um ano. Quão distinto é esse lugar do país dos getas! E isto não é senão uma pequena parte do que vimos ambos nesta viagem que me tornavas tão amena, quer sulcando as azuladas ondas sobre uma nave de vivas cores, quer nos levando uma carruagem sobre suas céleres rodas. Amiúde o percurso nos pareceu curto para as diversas alternativas de nossas conversas e, nossas palavras, se contadas, foram mais numerosas que nossos passos. Outras vezes, o dia durou menos que nossos colóquios e o lento transcorrer das horas, nos dias de verão, não foi suficiente para nossas tagarelices.

---

37. Trinácria, antigo nome da Sicília, adotado pelos poetas, pela forma triangular que apresenta.
38. Hena, cidade situada no interior da Sicília, cercada de lagos e bosques sagrados.
39. O Palico, lago vulcânico a leste da Sicília, próximo a Catânia, era famoso por suas emanações de gases.
40. O Anapo é um pequeno rio costeiro que desemboca no mar ao sul de Siracusa.
41. Cíane, ninfa da Sicília, que, por tentar opor-se ao rapto de Prosérpina, foi transformada em fonte por Plutão (*Met.* V 409 ss.).
42. Refere-se à ninfa Aretusa, perseguida pelo rio Alfeu, da Élide, e que, para escapar deste, fugiu para a ilha de Ortígia ou de Delos (*ibid.*, 487 ss.).

Algo valeu havermos temido juntos os perigos do mar e oferecido votos comuns aos deuses marinhos, ora de havermos tratado juntos de assuntos sérios, ora, depois desses, contado bromas das que não temos por que nos envergonharmos. Quando lembrares esses momentos, embora eu esteja ausente, estarei sempre diante de teus olhos, como se me acabasses de ver. Eu mesmo, conquanto me encontre sob o pólo do mundo, que sempre está situado mais alto que as líqüidas ondas, contemplo-te, nada obstante, com o espírito, com o único que posso e converso amiúde contigo sob o gelado pólo. Aqui estás e não o sabes e, ausente, estás com muita freqüência presente e, quando eu to ordeno, tu vens do coração de Roma até os getas. Paga-me, por tua vez, com a mesma moeda e, posto que tua região seja mais venturosa, mantém-me sempre aí em teu coração que não se esquece de mim.

11. A Rufo

Rufo, o destinatário desta breve epístola, é tio materno de Fábia. Ele possuía terrenos em Fundos, no Lácio. Ovídio envia-lhe esta carta para agradecer-lhe os consolos que lhe proporcionou, por ocasião de sua partida para o exílio, bem como seus bons conselhos a Fábia, que o poeta lhe pede que siga prodigando.

Rufo, esta obra, escrita às pressas em pouco tempo, envia-te Nasão, autor de uma pouco afortunada *Arte* para que, embora estejamos mui separados por todo o orbe, possas saber, nada obstante, que eu me lembro de ti. Eu perderei a noção de meu nome antes que esvaeça do meu coração a lembrança de tua piedade; eu exalarei no vazio das auras a minha alma antes que se torne vã a gratidão que devo a teu mérito. Chamo relevante mérito as lágrimas com que banhavas o teu rosto quando o meu estava árido pelo acúmulo da dor. Chamo relevante mérito os consolos a uma mente aflita que tu me prestavas igualmente a mim e a ti mesmo. Na verdade, minha esposa é, por natureza e por sua própria personalidade, merecedora de louvor, porém teus conselhos torná-la-ão ainda melhor. De fato, o que foi Castor para Hermíone e Heitor para Iulo, regozijo-me que o sejas tu para minha esposa. Ela se esforça por igualar-te em virtude e prova por sua vida que é de teu mesmo sangue. O que, pois, haveria ela de fazer sem estímulo, realiza-o mais plenamente ainda, tendo-te como exemplo. O próprio cavalo, ardente e desejoso de correr para as honras da palma, redobrará o ardor da corrida se for excitado com a espora. Acresce o fato de que tu cumpres com exemplar fidelidade as recomendações de um ausente e não te queixas de nenhuma carga. Que os próprios deuses te recompensem por tais atos, já que eu mesmo não posso fazê-lo (e eles o farão vendo tua piedosa conduta!) e que, por muito tempo, tua saúde seja suficiente à tua virtude, ó Rufo, a maior glória do território de Fundos[43]! 25

---

43. *Fundi*, a moderna Fundos, é uma cidade do Lácio, situada na Via Ápia, a poucos quilômetros de Roma, que adquiriu notável esplendor (Horácio, *Sát.* I 5, 34).

LIVRO III

1. À esposa

> São apenas duas epístolas que têm Fábia como destinatária. Nesta Ovídio enfatiza as desgraças que o afligem em Tomos, a fim de que, espelhando-se em Penélope e outros vultos célebres por sua fidelidade, ela interceda com muito mais ardor por ele junto aos membros da família imperial, em especial Lívia. Esta carta teria sido escrita no início do ano 13, pelas alusões nos versos 131-138 ao clima de alegria existente em Roma devido, talvez, ao triunfo de Tibério.

Ó pélago golpeado pela vez primeira pelos remadores de Jasão[1], ó plaga a que não faltam inimigos ferozes nem neve, quando chegará o dia em que vos abandone eu, Nasão, com a ordem de permanecer desterrado num lugar menos hostil? Ou terei que viver para sempre nesta barbárie e receber sepultura no solo de Tomos? Com tua paz, se é que tu tens alguma, ó terra do Ponto, que o inimigo limítrofe conculca com seu veloz cavalo, com tua paz eu gostaria de dizer: "Tu és a pior parte de meu cruel exílio, tu agravas as minhas desgraças. Tu não sentes a primavera cingida por uma coroa de flores e não vês os corpos desnudos dos segadores. O outono não te oferece uvas das vides, porém todas as estações têm um frio descomedido. Tu manténs os mares bloqueados pelo gelo e encerrado no mar o peixe nada amiúde sob a coberta da água. Tu não tens fontes senão de água quase como a do mar que, ao bebê-la, não se sabe se acalma ou acentua a sede. Rara é a árvore que sobressai em teus abertos campos e a que há não é produtiva, e na terra há outra imagem do mar. Nenhuma ave gorjeia, à exce-

---

1. Alusão à expedição dos Argonautas dirigida por Jasão às águas do Ponto.

ção de alguma que, longe das selvas, bebe com sua garganta rouca a água do mar. Tristes absintos se eriçam pelas planícies desertas, amara messe digna do lugar em que crescem. Acresce o terror, tanto pelo fato de que as muralhas são batidas pelo inimigo cujas flechas estão impregnadas de veneno mortífero, como pelo fato de que esta região está distante e afastada de todas as vias e aonde não é possível chegar com segurança nem por terra nem por mar."

Não é, pois, estranho que, buscando o término de todos os meus males, eu peça sem cessar outra plaga. Mais admirável é que tu, minha esposa, não ma tenhas obtido e que possas conter as lágrimas por minhas desgraças. Perguntas-me o que fazer? Por que não o procuras tu mesma? Tu o encontrarás, se realmente quiseres encontrá-lo. Querer é pouco: para chegares ao alvo, convém que o desejes com um afã capaz de abreviar o teu sono. Eu creio que muitos o querem. Quem, pois, será tão malévolo comigo que deseje que meu exílio careça de paz? Convém que te dediques com toda a tua alma e com todas as tuas forças e que te esforces em meu favor noite e dia. E, conquanto outros me ajudem, tu deves superar meus amigos e, como esposa, ser a primeira a cumprir teu dever. Meus livros te assinalaram um importante papel: neles eu afirmo que tu és exemplo de boa esposa. Trata de não desvirtuá-lo, para que meus louvores sejam verdadeiros. Procura proteger a obra da Fama. Embora eu não me queixe de nada, estando eu em silêncio, lamentar-se-á a Fama, se não te preocupares comigo como é tua obrigação.

A Fortuna expôs-me aos olhares do público e tem-me proporcionado mais notoriedade que a que possuía antes. Capaneu[2] tornou-se mais conhecido após ter sido ferido pelo raio; Anfiarau[3], quando seus cavalos foram tragados pela terra. Se Ulisses houvesse vagueado menos, seria menos conhecido; o grande renome de Filoctetes, por sua vez, se atribui a sua ferida. Se há algum lugar para os modestos entre nomes tão célebres, minha desgraça me faz a mim também notável. As páginas de meus escritos não permitem que tu sejas desconhecida; graças a elas, tu tens um nome não menos famoso que o de Bátide de Cós[4]. Assim, pois, o que fizeres será contemplado num grande cenário e muitos testemunharão que tu és uma esposa piedosa.

Sempre que fores elogiada em meus poemas – crê-me –, quem ler tais louvores perguntará se os mereces. Assim como creio que muitas aplaudem tuas virtudes, do mesmo modo não poucas desejarão criticar os teus feitos. Assegura-te de que a inveja destas não possa dizer: "Ela é lenta em atuar em prol da salvação de seu infeliz marido." Visto que me faltam forças para poder puxar o carro, esforça-te por susteres só o jugo vacilante. Enfermo e falhando-me o pulso, volto-me ao médico que me socorre enquanto me sobejar um último sopro de vida. O que faria eu por ti, se estivesse com mais vigor, dá-mo tu a mim, já que estás mais forte. Assim o exigem o amor

---

2. Capaneu era um dos sete caudilhos argivos da expedição contra Tebas. Homem violento e pouco reverente aos deuses, foi alcançado e morto pelo raio de Zeus quando escalava as muralhas de Tebas (cf. *Tr.* V 3, 29-30). Sua esposa, Evadne, ao inteirar-se de sua morte, atirou-se à pira funerária que consumiu seu corpo.

3. Anfiarau, guerreiro famoso por sua bravura e piedade, era outro dos Sete contra Tebas. Praticava a adivinhação e era protegido por Júpiter e Apolo.

4. Bátide, mulher de Cós, cantada pelo poeta elegíaco Filetas (cf. *Tr.* I 6, 2).

conjugal e a lei matrimonial. Teus próprios princípios, ó esposa, o reclamam. Deves isto à casa a que pertences: cumpre que a respeites não menos por teu zelo que por tua integridade. Mesmo que faças tudo isto, se não fores uma esposa digna de elogios, não se poderá crer que honras a Márcia.

Eu não sou indigno e, se quiseres confessar a verdade, deves a meus méritos algum agradecimento que, certamente, me devolves com grande usura. Os ditos indiscretos não podem prejudicar-te, embora o desejem. Nada obstante, acresce uma ação às precedentes para que sejas mais ambiciosa por suavizares as minhas desgraças: esforça-te para que eu jaza numa região menos hostil! Assim teu zelo não terá mais nada incompleto. Peço muitos favores porém, se os pedires tu, não te tornarás odiosa e, mesmo que não os obtenhas, a recusa não te prejudicará. Não te enfades comigo, se tantas vezes em meus versos eu rogo que faças o que vens fazendo e que te imites a ti mesma. A trombeta costuma estimular os destemidos e o general incita com suas palavras os bons combatentes.

Tua honestidade é conhecida e foi atestada em todas as ocasiões; que a tua coragem não seja tampouco inferior a tua honestidade. Não tens que empunhar por mim a acha das Amazonas, nem levar com ágil mão a pelta chanfrada. Cumpre implorar a divindade, não para que se torne minha amiga, mas para que esteja menos irada que antes. Se não obtiveres nenhum favor, as lágrimas serão teu favor: é desta maneira, e não de outra, que tu podes comover os deuses. Pensa em meus males e as lágrimas não te faltarão. Sendo eu teu marido, tu tens numerosos motivos para chorar. E como se encontra minha situação, penso que chorarás sempre: estas são as riquezas que te assegura minha fortuna.

Se minha morte tivesse que ser suplantada pela tua — fato que rechaço com horror! —, a esposa de Admeto[5] seria o exemplo que tu deverias seguir. Tu te tornarias a êmula de Penélope[6] se, como mulher casada, quisesses burlar com pudica fraude a insistência dos pretendentes. Se, como companheira, seguisses os manes de teu defunto esposo, Laodamia[7] seria a guia de tua conduta. Deverias ter diante dos olhos a filha de Ífis[8], se quisesses quiçá lançar teu corpo à ardente pira. Tu, porém, não tens necessidade de morrer, nem da teia da filha de Icário, mas é preciso que com tua voz implores a esposa do César que, com sua virtude, assegura-te de que os tempos antigos não vençam os atuais no elogio da castidade e que, com a beleza de Vênus e os costumes de Juno, foi a única que se encontrou digna do leito de um deus. Por que estremeces? Por que temes encontrá-la? Não é a ímpia Procne[9],

---

5. A esposa de Admeto é Alceste, filha de Pélias, que consentiu morrer em lugar de seu marido. Héracles desceu aos Infernos para resgatá-la e voltou com ela muito mais jovem e formosa que antes. O tema inspirou a tragédia *Alceste* de Eurípedes.

6. Penélope, filha de Icário, era esposa de Ulisses, de quem teve um filho, Telêmaco. Como Andrômaca, passa por protótipo de fidelidade conjugal e de constância. À espera do marido errante nos mares, ela tecia uma teia durante o dia e a desfazia à noite. Assediada por muitos pretendentes, prometia sempre decidir-se por um deles quando acabasse de tecer. Assim levou vinte anos até que Ulisses chegou.

7. Laodamia, mulher de Protesilau, o primeiro grego morto no cerco de Tróia (*Ilíada* II 695), suicida-se para unir-se eternamente a ele. É outro exemplo dos típicos *exempla* mitológicos de fiéis esposas, e a ela está dedicada uma das *Heróides* (XIII), carta sua a seu esposo.

8. Evadne, filha de Ífis e esposa de Capaneu. Quando este morreu fulminado por Zeus, ela atirou-se às chamas de sua fogueira.

9. Procne (ou Progna), esposa de Tereu, para vingar-se do marido, que havia violado sua irmã Filomela, matou seu filho Ítis, mandou cozê-lo e o serviu a Tereu como manjar.

120 nem a filha de Éetes[10], que devem comover-se com tuas palavras, nem as noras de Egito[11], nem a cruel esposa de Agamêmnon[12], nem Cila, que com a sua virilha aterroriza as águas sicilianas[13], nem a mãe de Telégono, nascida para as metamorfoses[14], nem a Medusa com a cabeleira emaranhada de serpentes enlaçadas, porém a primeira das
125 mulheres, por quem a Fortuna demonstra que vê e que foi acusada sem razão de ser cega, aquela que sobre a terra, do nascer do sol ao seu ocaso, é a mais célebre do mundo, à exceção do César.

Elege, após longa espreita, o momento propício às
130 tuas preces, para que tua nave, ao sair do porto, não encontre um mar hostil. Os oráculos nem sempre dão respostas sagradas e os próprios templos nem sempre estão abertos. Quando a situação de Roma for a que auguro que é agora, quando nenhum sofrimento alterar o rosto do
135 povo, quando a mansão de Augusto, digna das mesmas honras que o Capitólio, estiver alegre e trasbordante de

....
10. Medéia, filha de Éetes, para vingar-se de Jasão, quando este se casou com Creúsa, matou os filhos que ele lhe havia dado. O tema inspirou várias tragédias que têm por título o nome da heroína (*Medeia* de Eurípedes e de Sêneca).

11. As Danaides, as 50 filhas do rei Dânao, que mataram todas (à exceção de Hipermestra) os seus esposos, os 50 filhos de seu tio, o rei Egito (cf. *Heroida* XIV, elegia epistolar dirigida por Hipermestra a seu esposo Linceu).

12. A esposa de Agamêmnon é Clitemnestra, que matou o marido de volta de Tróia.

13. Cila era um horrível monstro, cuja parte superior era o corpo de uma mulher, porém cuja parte inferior eram seis cachorros que devoravam quantos passassem a seu lado. Quando a nave de Ulisses chegou à gruta situada no estreito de Messina, que servia de guarida ao monstro, os cachorros devoraram seis de seus companheiros (cf. *Odisséia* XII 73 ss., *Met.* VII 62 ss. e XIII 900 a XIV 74).

14. A maga Circe, da qual Ulisses teve um filho, Telégono.

paz, como o está e oxalá o siga estando, façam então os deuses que te seja dado acesso, e pensa que então tuas palavras conseguirão algo. Se algum assunto mais importante a ocupa, protela tua empresa e abstém-te de arruinar minha esperança com tua precipitação. Tampouco te encarrego que a procures quando estiver completamente livre, porquanto mal possui tempo para preocupar-se com o próprio corpo. Tudo *** é necessário que tu também vás pelo tumulto dos problemas. Quando, enfim, te for dado te aproximares desse rosto de Juno, procura recordar o papel que deves desempenhar. E não defendas o meu ato. Cumpre calar uma má causa. Que tuas palavras não sejam senão ansiosas súplicas. Deves, então, chorar sem trégua e, prostrada por terra, estende teus braços aos seus imortais pés. Não peças, nesse momento, nada mais senão que me mantenha afastado do cruel inimigo: que me baste ter a Fortuna por inimiga! Muitas outras idéias, na verdade, me sobrevêm à mente porém o temor as embaraça e tu poderás apenas proferir estas poucas palavras com voz temerosa. Suponho que isto não te causará nenhum sofrimento. É preciso que ela compreenda que é de sua majestade que tu tens medo. E se as tuas palavras forem entrecortadas pelo pranto, isto não te prejudicará em nada: as lágrimas têm amiúde a força da voz.

Procura também que um dia favorável te ajude em tais cometimentos assim como uma hora conveniente e bons presságios. Antes, porém, coloca o fogo sobre os sagrados altares, oferece incenso e vinho puro aos grandes deuses, e acima de todos, adora a divindade de Augusto, sua piedosa descendência e a que compartilha seu leito. Oxalá sejam clementes contigo, como é seu costume, e não contemplem tuas lágrimas com rosto impassível.

2. *A Cota*

> Nova carta dirigida a Cota Máximo, em que Ovídio volta a celebrar a lealdade do amigo, ilustrando-a com um motivo mitológico, a amizade de Orestes e Pílades.

A saudação que lês, Cota, enviada por mim, desejo que tenha sido enviada realmente e que chegue às tuas mãos. Na verdade, por estares são e salvo alivias muito meus tormentos e fazes que boa parte de meu ser se encontre bem. Ainda quando alguns titubeiam e abandonam minhas sacudidas velas, tu permaneces como a única âncora de minha destroçada nave. Agradeço, pois, teu afeto e perdôo aqueles que com a Fortuna deram as costas a este exilado. Conquanto firam um só, os raios aterram a mais de um e a multidão que rodeia o ferido costuma espantar-se. Quando um muro deu sinais de iminente desmoronamento, toda a área se esvazia pelo medo e preocupação. Quem, entre os tímidos, não evita o contágio de um enfermo, para não contrair dele o mal vizinho? A mim também me abandonaram alguns de meus amigos, por receio e por excessivo terror, não por ódio. Não faltou a eles a afeição nem a vontade de me servir, porém tiveram muito medo dos deuses hostis. Assim como podem parecer mais precatados e tímidos, também não mereceriam ser tratados de maldosos. Ou então é minha benevolência que releva destarte os meus queridos amigos e contribui para que não recebam de minha parte nenhuma acusação. Eles poderão estar contentes com meu perdão e afirmar que sua conduta foi justificada por meu próprio testemunho.

Minha melhor porção de amigos sois vós, uns poucos, que considerastes torpe não me prestar nenhuma ajuda em minha desesperada situação. Assim, pois, minha gratidão a vossos méritos não esvaecerá senão quando, destruído meu corpo, me converter em cinza. Engano-me, pois tal gratidão durará mais que o tempo de minha vida, se eu for lido e recordado pela posteridade. Os corpos sem vida são destinados às tristes fogueiras, porém a fama e a glória escapam às madeiras já empilhadas. Morreram Teseu[15] e o companheiro de Orestes[16], porém, nada obstante, um e outro revivem para seus próprios louvores. Os distantes netos vos louvarão também amiúde e vossa glória brilhará graças aos meus poemas. Aqui também já vos conhecem os sármatas e os getas e um povo bárbaro aplaude tais sentimentos.

Há pouco, como lhes falava de vossa lealdade – pois aprendi a falar gético e sármata –, um ancião, que se encontrava eventualmente entre os circunstantes, respondeu assim às minhas palavras: "Também nós, bom estrangeiro, conhecemos o nome da amizade, nós aos quais o Ponto e o Istro nos mantêm distantes de vós. Há na Cítia um lugar – os antigos lhe deram o nome de Táurida – que não dista muito do território dos getas. Nesta terra nasci eu – e não me envergonha a minha pátria. Essa nação ve-

---

15. Teseu é recordado aqui como exemplo de amizade e lealdade, por seu comportamento com Pirítoo, a quem acompanhou até os Infernos para raptar Prosérpina.

16. O amigo íntimo e inseparável de Orestes é Pílades, filho de Estrófio, rei da Fócida.

nera a deusa irmã de Febo[17]. Seu templo, sustentado por imensas colunas, subsiste ainda hoje e se chega a ele por quarenta escalões. Diz a lenda que aí se encontrava uma estátua da divindade e, para que não se possa duvidar, persiste a base privativa da deusa e o altar, que tinha outrora a brancura natural da pedra, perdeu-a para o vermelho pelo sangue derramado. Celebra os sacrifícios uma mulher, estranha à tocha conjugal, que supera em nobreza as jovens cíticas. A lei dos sacrifícios é tal, pois assim o instituíram os nossos antepassados, que todo estrangeiro cai fulminado pela espada da virgem. Estes reinos, governou-os Toas, célebre no litoral meótida[18], e não houve ninguém mais conhecido que ele sobre as águas do Euxino. Sob seu reinado, diz-se que uma tal Ifigênia para lá se encaminhou através dos fluidos ares; crê-se que, transportada através dos mares, sob as nuvens, por ligeiras brisas, foi deixada por Febe nestes lugares. Durante muitos anos, ela presidia ao rito no templo, fazendo funestos sacrifícios com forçada mão quando, sobre velífera nave, chegaram dois jovens que pisaram nossas costas. Tinham a mesma idade e os dois sentiam o mesmo afeto um pelo outro. Um chamava-se Orestes; o outro, Pílades, nomes que a tradição conserva. São logo conduzidos ao cruel altar de Trívia[19],

---

17. Referência à lenda de Ifigênia em Táurida. A filha de Agamêmnon e Clitemnestra foi raptada por Ártemis e levada a Táurida, a atual Criméia, onde se consagrou ao serviço da deusa (cf. *Tr.* IV 4, 63-82).

18. Toas (ou Toante), filho de Dioniso e Ariadne, depois de reinar em Mirina, escapa como único sobrevivente à matança de Hipsípile, sua filha, que desempenha um importante papel na lenda dos Argonautas. De Lemnos foge com a ajuda dela e chega a Táurida, quando Ifigênia passa a ocupar a função de Ártemis (P. Grimal, *op. cit.*, pp. 522-3).

19. Trivia ('a deusa das encruzilhadas') é o qualificativo com o qual se caracteriza Hécate como divindade que preside as encruzilhadas, os lugares por excelência da magia. Nelas se erguia sua estátua, em forma de uma mulher de tríplice corpo ou tricéfala (*id. ibid.*, pp. 54 e 225).

com as mãos atadas às costas. Sobre os cativos, a sacerdotisa grega esparge água lustral e cinge seus louros cabelos com uma longa venda. Enquanto prepara o sacrifício, enquanto cobre suas têmporas com faixas, enquanto ela mesma encontra pretextos para uma longa espera, disse: 'Eu não sou cruel; perdoai-me, jovens, celebro sacrifícios mais selvagens que o próprio lugar. Tal é o rito deste povo. De que cidade vindes? Qual rota fazíeis sobre vossa tão pouca afortunada nave?' Assim ela falou e, ouvindo o nome da pátria, a piedosa donzela descobre que são naturais da mesma cidade. 'Que um de vós', disse, 'caia vítima deste sacrifício e o outro vá como mensageiro à terra pátria.' Pílades, decidido a morrer, ordena a seu caro Orestes que parta. Este se nega e ambos, alternativamente, se disputam o posto para morrer. Foi a primeira vez em que não estiveram de acordo, pois sempre foram unidos vivendo sem querelas. Enquanto os jovens rivalizam em generosidade, escreve ela algumas palavras para seu irmão. Ela entregava uma mensagem dirigida a seu irmão e aquele a quem a entregava – olha os azares da vida humana! – era seu irmão. Sem se deterem, arrebatam do templo a estátua de Diana e às ocultas a transportam numa nave sobre as águas imensas. Admirável a amizade destes jovens! Embora hajam passado tantos anos, eles conservam ainda hoje na Cítia uma grande fama."

Depois de ter narrado esta história tão conhecida nessas regiões, todos louvaram tal conduta e esta piedosa fidelidade. Sem dúvida, também neste litoral, mais selvagem que qualquer outro, o nome da amizade sensibiliza os corações dos bárbaros. Que deveis fazer vós, que nascestes na cidade ausônia, quando tais feitos comovem os duros getas? Acresce que teu coração foi sempre

terno e que teus costumes são o indício de tua alta no-
breza, costumes que nem Vóleso, criador de teu nome
paterno[20], reprovaria, nem Numa, fundador da família de
tua mãe[21], os recusaria como seus; eles aprovariam ser
aliados ao nome familiar dos Cota cuja casa, sem ti, iria
extinguir-se. Varão digno desta linhagem, pensa que
diante de tais princípios convém socorrer um amigo que
naufragou.

---

20. Vóleso é o grande antepassado da *gens* Valéria, à qual pertencia Cota por parte de pai (cf. T. Lívio I 58, 6).
21. Cota pertencia, por parte de mãe, à *gens* Aurélia, de origem sabina; o rei Numa era antepassado seu (*idem*, I 18, 1).

3. *A Fábio Máximo*

> Pela alusão que se faz no verso 86 ao triunfo de Tibério, deduz-se que esta epístola teria sido escrita no começo do ano 13, pouco antes da morte de Fábio Máximo, ocorrida no ano 14, algumas semanas antes da de Augusto.

Se estiveres livre para dedicar um pouco de tempo a um amigo desterrado, ó Máximo, astro da estirpe Fábia, presta-me atenção enquanto te conto minha visão, quer tenha sido a sombra de um corpo, ou um ser real, ou um simples sonho.

Era noite e a lua penetrava pelos dois batentes da janela, brilhante como sói ser no meio do mês. O sono, comum descanso das inquietações, me dominava; meus lânguidos membros se distendiam sobre todo o leito, quando de repente estremeceu o ar, agitado por asas, e a janela, ao mover-se, gemeu com um som suave. Assustado, levanto-me, apoiado sobre o cotovelo esquerdo, e o sono esvaeceu banido de meu temeroso peito. Diante de mim estava de pé o Amor, com um semblante que não costumava ter anteriormente, triste e empunhando com a mão esquerda o pé de minha cama de madeira de ácer, sem colar ao pescoço, sem pente nos cabelos. Sua cabeleira não estava como outrora ordenada com cuidado. Seus cabelos desciam suavemente sobre seu rosto desalinhado e suas plumas pareceram hirsutas a meus olhos, como costumam ser as do dorso de uma pomba aérea tocada e acariciada por várias mãos.

Logo que o reconheci (e ninguém me é mais conhecido), minha língua dirigiu-se a ele de forma desembaraçada com estas palavras: "Ó menino, causa do desterro do teu ludibriado mestre, tu a quem teria sido melhor que jamais eu instruísse, tu também chegaste aqui, onde jamais reina a paz, onde o bárbaro Danúbio se congela contraindo suas águas? Qual o motivo de tua viagem a não ser para contemplar as minhas desgraças que, se não o sabes, te tornam odioso? Tu foste o primeiro que me ditaste poemas juvenis[22]; sob tua direção, combinei os versos de cinco pés aos de seis. Tu não consentiste que me elevasse aos poemas meônios[23] nem que cantasse as façanhas dos grandes generais. Teu arco e teu fogo diminuíram as forças exíguas, mas reais, de meu engenho. Enquanto, pois, cantava o teu reino e o de tua mãe, minha mente não estava livre para nenhuma grande obra. E isto não foi suficiente: insensato, compus poemas para que não fosses desconhecedor de minha *Arte*. Esta valeu como recompensa, ao infeliz que sou, o desterro e este, inclusive, nos confins do mundo, num lugar sem paz.

Não agiu de tal maneira Eumolpo, filho de Quíone, com Orfeu, nem Olimpo com o sátiro frígio[24]; tal não foi o prêmio que Quirão recebeu de Aquiles[25] e não consta

---

22. Alusão aos *Amores*.

23. Homero é chamado "meônida", seja pelo nome de seu pai, seja por ser natural de Meônia: portanto, meônio tem aqui o valor de "homérico, épico".

24. Olimpo, célebre flautista, filho ou discípulo do sátiro Mársias. Quando Mársias foi morto por Apolo, ele o enterrou e chorou agradecido (cf. *Met.* VI 392-4 e P. Grimal, *op. cit.*, p. 387).

25. Aquiles, filho de Peleu, foi educado pelo centauro Quirão, que lhe ensinou música, a arte da guerra, a da caça, a moral e a medicina. Quirão era um bom conhecedor da medicina e da cirurgia: a Aquiles substituiu, quando

que Numa tivesse causado algum dano a Pitágoras. E para não me referir aos nomes que poderia arrolar ao longo dos tempos, eu fui o único que me perdi por culpa de meu discípulo. Enquanto eu te dava armas e te ensinava, lascivo, eis os dons que o mestre recebeu de seu discípulo! Tu sabes, nada obstante, e poderias afirmá-lo claramente, jurando-o, que jamais atentei contra os matrimônios legítimos. Escrevi estes versos para aquelas cujos pudicos cabelos não cinge a venda nem um longo vestido cobre os pés. Dize-me, por obséquio, aprendeste alguma vez a seduzir as mulheres casadas e, por minhas ordens, a tornar incerta a paternidade? Porventura não vedei de maneira enérgica estes livros a todas aquelas a quem a lei proíbe de ter amantes em sigilo? De que me serve isto, todavia, se se crê que compus escritos que favorecem o adultério que reprova uma lei severa? Tu, porém, – oxalá tenhas flechas que firam todos os corações e que assim jamais se extinga o fogo devorador de tuas tochas, oxalá César, que, por Enéias, teu irmão, é teu parente[26], governe o Império e submeta todas as terras! – faze que sua cólera não seja implacável e que assinale para meu castigo um lugar menos desagradável."

Foi assim que imaginei falar ao menino alado e com estas palavras, ao que parece, ele me respondeu: "Por minhas tochas e por minhas flechas, que são minhas armas, por minha mãe e pela vida do César, juro que nada que não estivesse permitido eu aprendi de ti, meu mes-

....
este era criança, o osso do tornozelo, que lhe havia queimado Tétis, por outro retirado do esqueleto de um gigante (cf. Estácio, *Aquileida* e P. Grimal, *op. cit.*, pp. 39 ss.).

26. Augusto, como membro da *gens* Júlia, passava por descendente de Júlio Ascânio, filho de Enéias que, por sua vez, é filho de Vênus, do mesmo modo que Cupido, o deus do Amor.

tre, e que em tua *Arte* não existe nada delituoso. Oxalá eu pudesse defender também todo o resto! Tu sabes que há outra falta que te prejudicou mais. Seja como for – pois nem a própria dor se deve evocar, nem podes afirmar que estás livre de culpa –, embora encubras teu delito sob a aparência de um erro, a cólera do juiz não foi mais rigorosa do que tu merecias. Nada obstante, para contemplar-te e consolar-te em tua queda, minhas asas deslizaram por imensos caminhos. Vi estes lugares pela primeira vez quando, a pedido de minha mãe, feri com meus dardos a donzela do Fásis[27]. Tu, soldado companheiro de meu acampamento, és o motivo de minha volta para revê-los hoje, após tantos séculos. Procura banir teu medo: a cólera do César se abrandará e chegará uma brisa mais propícia, tal como o suplicaste. E não temas nenhuma demora! O dia que desejamos está próximo e o triunfo espalha a alegria por toda a parte[28]. Quando sua casa e seus filhos, quando sua mãe Lívia estão cheios de gáudio, quando tu te rejubilas, grande Pai da Pátria e do general, quando o povo se felicita e, por toda a cidade, todos os altares abrasam incensos olorosos, quando o templo venerável oferece fácil acesso, temos que esperar que nossos rogos tenham algum poder." Assim falou e esvaeceu nas ligeiras auras ou então meus sentidos começaram a despertar.

Se duvidasse, Máximo, que tu aplaudirias tais palavras, eu creria que os cisnes têm a cor de Mêmnon[29]. No

---

27. A donzela do Fásis, rio da Cólquida que deságua no Ponto Euxino, é Medéia.

28. Alude Ovídio nestes versos à alegria reinante em Roma pelo triunfo que obteve sobre a Panônia Tibério, o general a que se refere no v. 88 e filho adotivo de Augusto.

29. Mêmnon, rei dos etíopes; portanto, de cor negra.

entanto, nem o leite se transforma em negro pez nem se torna terebinto o marfim de luzidia alvura. Tua linhagem amolda-se a teus sentimentos; tu tens um coração nobre e a lealdade de Hércules. A inveja, vício estéril, não atinge as mentes superiores e, qual vípera, se arrasta pelo baixo solo, ocultando-se. Teu espírito sublime se eleva sobre tua própria linhagem e teu nome não é maior que teu engenho. Que outros, pois, prejudiquem os desgraçados e anelem ser temidos e se armem de dardos impregnados de fel mordaz! Tua casa, ao contrário, está habituada a socorrer os suplicantes, em cujo número te rogo que te dignes incluir-me.

4. A Rufino

> Esta carta teria sido escrita no começo do ano 13, quando o poeta pede ao amigo que acolha favoravelmente o poema que compôs sobre o triunfo de Tibério na Panônia e na Dalmácia, e aproveita a ocasião para anunciar um novo triunfo sobre a Germânia. Obviamente, tudo isto tem a finalidade de obter o perdão de Augusto ou de Tibério que se apresenta, no momento, como maior favorito à sucessão.

    Estas palavras que te levam uma saudação sincera, tas envia teu amigo Nasão da cidade de Tomos e te pede, Rufino, que acolhas favoravelmente seu *Triunfo*, se é
5 que ele chegou às tuas mãos. É um trabalho modesto e desproporcional à tua pompa. Seja qual for seu valor, no entanto, rogo-te que o protejas. Os corpos vigorosos sustêm-se por si mesmos e não reclamam um Macáon[30] mas em sua dúvida um enfermo recorre à assistência do médico. Os grandes poetas não necessitam de leitores indul-
10 gentes, porquanto cativam os mais obstinados e os mais difíceis. Eu, porém, a quem os prolongados sofrimentos debilitaram o talento – se é que tive algum antes –, em minha fraqueza, sinto-me melhor graças a tua benevo-
15 lência. Se dela me privasses, creria que tudo me haveria sido arrebatado. Embora todos os meus escritos estejam baseados no favor benevolente, esse famoso livro tem um direito particular à indulgência. Outros poetas escreveram sobre o triunfo que observaram: algum valor há

---

30. Macáon, filho de Asclépio, era um dos pretendentes de Helena, e como tal foi a Tróia. Ali se dedicou sobretudo à medicina, que havia aprendido com seu pai. Entre suas curas, destaca-se a de Filoctetes, cuja ferida produzida por uma flecha de Hércules ele curou (cf. *P.* I 3).

em se descreverem memoriais vividos. Quanto a mim, transcrevi apenas aquilo que meu ávido ouvido pôde recolher entre o público. A fama substituiu os meus olhos como se algo ouvido proporcionasse a mesma impressão e o mesmo entusiasmo que algo visto com os próprios olhos!

E não me queixo de que me haja faltado o brilho da prata e do ouro que tu contemplaste e essa púrpura, porém teriam enriquecido meu poema os lugares, os povos representados por mil figuras, os próprios combates e os semblantes dos reis, reflexo mui fiel de seu ânimo, teriam ajudado, quiçá, em algo a esta obra. Pelos próprios aplausos do povo e sua jubilosa aprovação, qualquer talento é capaz de inspirar-se e eu teria tomado tantas forças de tal estrépito qual soldado inexperto ao ouvir a trombeta para o combate. Mesmo que meu peito fosse de neve e de gelo e mais frio que o lugar que suporto, o rosto do general, que ia de pé em seu carro de marfim, teria banido toda a frialdade de meus sentidos. Privado eu de tal espetáculo e dispondo de testemunhos inseguros, venho com toda a razão pedir a ajuda de teu favor. Ignoro os nomes dos chefes, ignoro os nomes dos lugares: minhas mãos não dispuseram de materiais. Que parte de sucessos tão importantes era a que a fama podia trazer-me ou contar-me alguém por escrito? Por isso, leitor, deves ainda mais perdoar-me, se algo está equivocado ou foi omitido por mim. Acresce que minha lira, dedicada continuamente às queixas de seu dono, mal pôde adaptar-se a um poema festivo. Mal me ocorriam as palavras de fidelidade quando as procurava após tanto tempo e regozijar-me de algo pareceu-me um fato novo. E como os olhos temem o sol, ao qual não estão acostumados, assim meu espírito não estava pronto à alegria. Por outro lado, a novidade é o que mais apraz em tudo e uma homenagem assaz tardia não obtém nenhuma mercê. Os outros poemas escritos à porfia sobre tão grande triunfo, suponho que há tempo o público já os leu.

O leitor sedento bebeu dessa copa; o ébrio, da minha: essa água bebeu-a fresca, a minha estará tíbia. Não permaneci inativo nem a indolência me tornou preguiçoso: retém-me a extrema borda do imenso mar. Enquanto chega aqui o rumor e se compõe à pressa o poema que, uma vez acabado, chega até vós, pode haver transcorrido um ano! Não é de todo indiferente ser o primeiro a colher as rosas intactas ou com mão tardia as rosas quase esquecidas. Que há de estranho se, num jardim despojado de flores preferidas, a coroa que se faz não é digna de seu general? Isto é o que rogo: que nenhum poeta chegue a pensar que isto o disse contra seus versos! Minha Musa falou em seu próprio favor. Poetas, tenho cultos comuns convosco, se é que é lícito aos desgraçados estar em vosso coro. Amigos, vós tendes vivido comigo como uma parte importante de minha pessoa: ausente, amo-vos ainda hoje igualmente. Sejam, pois, meus versos favorecidos pela vossa indulgência, já que eu mesmo não posso falar por eles. Quase sempre as obras costumam aprazer após a morte de seu autor, porque a inveja costuma prejudicar os vivos e atacá-los com dente injusto. Se o viver mal é um tipo de morte, espera-me a terra e a meu destino só lhe falta o sepulcro. Enfim, embora de todas as partes se critique o fruto de meu afã, não haverá ninguém que repreenda meu zelo. Embora me faltem as forças, cumpre, nada obstante, louvar minha intenção: auguro que os deuses estejam contentes com ela. Esta faz que também o pobre seja bem-vindo aos altares e que o sacrifício de uma ovelha não agrade menos que o de um boi. A magnitude do argumento teria sido também um oneroso fardo para o autor da *Eneida*, o maior dos poetas. Os ternos versos elegíacos tampouco foram capazes de suportar sobre suas rodas desiguais o imenso peso do triunfo. Não sei qual pé empregar agora, porquanto outro triunfo sobre ti se acerca, ó Reno! Os preságios dos poetas não são votos vãos. Cumpre oferecer um laurel a Júpiter, enquanto o anterior estiver ainda verde. Não são minhas as palavras que lês, porque fui relegado ao Istro, rio do qual bebem os mal pacificados getas. Esta é a voz de um deus: um deus reside em meu peito. É sobre a ordem de um deus que profetizo e vaticino isto.

Lívia, por que tardas em preparar o carro e a pompa para os triunfos? As guerras já não te concedem nenhuma pausa. A pérfida Germânia depõe suas lanças proscritas: em breve dirás que meu preságio tem valor. Crême: dentro em pouco chegará a confirmação. Teu filho redobrará sua honra e, como antes, se avançará ao passo de sua atrelagem. Prepara a púrpura para lançá-la aos seus ombros vitoriosos: a própria coroa pode reconhecer a cabeça habitual. Que os escudos e os elmos refuljam com a resplandecência das pedras preciosas e do ouro e os truncados troféus se alcem sobre os guerreiros acorrentados! Que ameadas muralhas rodeiem as cidades de marfim e que tais imagens representem a realidade! Que o enlameado Reno mostre seus cabelos esparsos sob suas canas quebradas e suas águas manchadas de sangue! Já os reis cativos reclamam suas bárbaras insígnias e telas mais ricas que sua própria fortuna*** e, ainda, tudo

115 aquilo que, estando-te freqüentemente destinado, o invicto valor dos teus amiúde te deixou preparado. Ó deuses, sob cujo conselho eu anunciei o porvir, confirmai, eu vos rogo, as minhas palavras dando a elas breve cumprimento.

5. *A Cota Máximo*

> Nesta epístola realçam-se dois temas: o da amizade entre
> emissor e destinatário e o da afeição literária deste que Ovídio
> acompanha com interesse.

Procuras saber de onde te foi enviada a carta que estás lendo? Dos lugares onde o Istro se une às azuladas águas. Como a região foi mencionada o autor também deve vir-te à mente, o poeta Nasão, vítima de seu talento. Ele te envia, do país dos hirsutos getas, Máximo Cota, a saudação que preferiria levar-te pessoalmente. Li, jovem digno da eloqüência paterna, o excelente discurso que pronunciaste no Foro repleto. Conquanto o fizesse numa rápida leitura, ao longo de muitíssimas horas, lamento-me de que as palavras lidas hajam sido poucas. Aumentei-as, porém, relendo-as amiúde e sempre me pareceram mais agradáveis que a vez anterior. E se, após tantas leituras, este discurso nada perde de seu encanto, é porque ele apraz por sua força e não por sua novidade. Ditosos aqueles que tiveram a sorte de ouvi-lo ao ser proferido e de fruir de uma voz tão eloqüente! Com efeito, qualquer que seja o doce sabor da água que nos é oferecida, é mais agradável tomar a água na própria fonte. É mais ameno colher a fruta abaixando o ramo que tirá-la de uma cinzelada fruteira. Se não houvesse, pois, cometido uma falta, se minha Musa não me houvesse condenado ao desterro, seria tua voz que me teria apresentado a obra que li. Eu teria, talvez, como tinha por costume, tomado assento para ouvir-te como juiz entre os centúnviros e um prazer maior teria inundado meu coração quando, arrebatado por tuas palavras, eu as teria aplaudido.

No entanto, posto que o destino preferiu que eu, deixando a pátria e a vós, vivesse no meio dos desumanos getas, suplico-te que me envies amiúde, já que isto me está permitido, os frutos de teu trabalho para que, ao lê-los, imagine que estou mais próximo de ti. Segue meu exemplo, se é que não o desdenhas, conquanto fosse melhor que mo desses tu a mim. Eu, na verdade, que pereci para ti há muito tempo, Máximo, esforço-me por não estar morto em meu talento. Corresponde-me e que minhas mãos recebam não poucas mostras de teu trabalho, que serão para mim sempre agradáveis.

Dize-me, nada obstante, jovem repleto de minhas afeições literárias, se acaso, graças a estas mesmas, tu te recordas de mim. Quando tu recitas a teus amigos um poema que acabas de compor ou, como costumas fazer amiúde, pedes a eles que o recitem, acaso eu sou lembrado? Acaso teu coração, olvidando às vezes que estou distante, sente ao menos que um não sei quê de si mesmo lhe falta? E tu, como tinhas por hábito falar muito acerca de mim, quando eu estava presente, também agora o nome de Nasão é proferido por teus lábios? Que na verdade morra eu atacado pelo arco gético – e já vês quão próximo está o castigo do perjuro – se eu, embora ausente, não te vejo a quase todo instante! Por graça, ao espírito está permitido ir aonde quiser. Quando, por esse motivo, chego a Roma sem ser visto por ninguém, amiúde falo contigo, amiúde desfruto de tua palavra. Torna-se, então, difícil para mim dizer quão bem me sinto e quão radiante é, a meu juízo, esse momento. Se em algo me creres, penso que, recebido na celeste mansão, estou entre os bem-aventurados deuses. Quando de novo volvo aqui, abandono o céu e os deuses e a terra do Ponto não se encontra distante do Estige. Se é contra a vontade do destino que eu me esforço por volver daí, livra-me, Máximo, de uma esperança inútil.

6. *A um amigo de nome não revelado*

> Quanto à identidade deste amigo, supõe-se que se trate de Sexto Pompeu, que havia ajudado o poeta em várias ocasiões, mas não queria que seu nome fosse citado na correspondência do Ponto antes da morte de Augusto.

Nasão envia das águas euxinas este curto poema a seu companheiro ... (por pouco não mencionou o seu nome!). No entanto, se minha pouco prudente destra tivesse escrito teu nome, de minha cortesia teria talvez nascido tua queixa. Por que, nada obstante, quando outros o crêem seguro, só tu me rogas que meus versos não te nomeiem? Se tu o ignoras, eu posso informar-te quão grande é a clemência do César em sua cólera. Eu mesmo nada poderia retirar à pena que sofro, se me visse obrigado a atuar como juiz de minha própria falta. Ele não impede que alguém se recorde de um companheiro, nem proíbe que eu te escreva, ou que tu me contestes. Tu não cometerias nenhum delito, se consolasses a um amigo e aliviasses com palavras amáveis seu cruel destino. Por que, temendo o que não oferece perigo, tornas odiosa a reverência devida às augustas deidades?

Às vezes vi pessoas atingidas pelos dardos do raio continuarem com vida e se recuperarem, sem que o impedisse Júpiter. Só porque Netuno havia destroçado a nave de Ulisses, não recusou Leucótea socorrê-lo quando ele sobrenadava³¹. Crê-me: as divindades celestes poupam os desgraçados e não os atormentam sem cessar com uma eterna perseguição. E nenhum deus é mais moderado que nosso Príncipe: ele modera seu poder com a Justiça. Há pouco o César colocou-a num templo de mármore³², porém, há muito tempo, ela está instalada no templo de seu coração. Júpiter brande fortuitos raios contra muitos que, por suas culpas, não mereceram sofrer um castigo. Entre tantas pessoas que o deus do mar sepultou nas ondas cruéis, quantas mereceram ser afogadas? Quando os mais destemidos morrem no combate, aos olhos do próprio Marte, sua escolha será injusta. Mas, se quiseres casualmente fazer uma inquirição junto a nós, não há quem negue ninguém ter merecido o que sofre. Acresce que aos que pereceram pela água, pela guerra ou pelo fogo nenhum dia pode ser-lhes restituído. O César indultou a muitos ou comutou parte do seu castigo e eu rogo que ele se digne contar-me entre esses muitos.

Tu, porém, enquanto formos um povo submetido a tal Príncipe, crês que se deve ter medo de falar com um desterrado? Quiçá tais temores fossem legítimos sob a tirania de Busíris³³ ou do tirano que costumava queimar

....
31. Leucótea, "a deusa branca", é outro nome de Ino, filha de Cadmo, depois de ser transformada em divindade marinha favorável aos navegantes (cf. *Odisséia* V 333 ss. e P. Grimal, *op. cit.*, p. 318).
32. Em janeiro do ano 13 Augusto consagrou um templo e uma estátua à deusa Justiça (*P.* II 1, 33-4).
33. Busíris, rei do Egito, passa por modelo de crueldade. Quando uma estiagem havia açoitado o país por oito ou nove anos, o adivinho Frásio, chegado de Chipre, aconselhou-o que sacrificasse a Júpiter anualmente um estrangeiro. Ele começou sacrificando o próprio Frásio. Posteriormente, quando Hércules passou pelo Egito, Busíris prendeu-o, atou-o e o levou ao altar como vítima propiciatória. Hércules, porém, soltou-se e o matou (P. Grimal, *op. cit.*, pp. 74-5).

suas vítimas encerradas no bronze. Deixa de difamar com vão temor um espírito compassivo. Por que temes horrendos escolhos em águas tranqüilas? Eu mesmo mal creio que me possa justificar por haver-te escrito antes sem te nomear. A apreensão, porém, em meu estupor, havia-me privado do uso da razão e, devido a minhas inesperadas desgraças, eu havia perdido toda possibilidade de reflexão; temendo minha sorte e não a cólera do juiz, eu mesmo estava aterrorizado, com a indicação do meu nome.

Advertido até aqui, concede a um poeta reconhecido que coloque em suas páginas os nomes que lhe são caros. Seria uma vergonha para ambos se, unido a mim por uma longa amizade, não se lesse teu nome em nenhuma parte de meu livro. No entanto, para que tal medo não possa perturbar teu sono, não serei mais cortês do que tu queres e ocultarei tua identidade, a menos que tu mesmo me autorizes a revelá-la. Ninguém será obrigado a aceitar meu presente. Tu, porém, se isto é perigoso, ama em segredo a quem poderias amar em segurança incluso de modo notório.

7. *A meus amigos*

> Ovídio procura defender-se contra a acusação de que se repete monotonamente em seus poemas do desterro.

Ao pedir com tanta freqüência o mesmo, faltam-me as palavras e já me envergonho de que minhas inúteis súplicas não tenham fim. Penso que estais fartos de poemas similares e que todos vós sabeis bem o que eu peço. Vós já conheceis o que contém minha carta, embora o papel não haja ainda sido liberado de seus vínculos. Que se modifique, pois, o assunto de meus escritos, para que eu não vá tantas vezes contra a corrente do rio. Perdoai-me, amigos, por haver depositado minhas melhores esperanças em vós: esta será a última vez que cometo este tipo de falta. Não se dirá mais que eu aborreço minha esposa, leal seguramente em relação a mim, porém tímida e mui pouco empreendedora. Isto também o sofrerás, Nasão, porquanto males piores tens suportado: nenhum fardo pode mais te experimentar. Que o touro separado da manada recuse o arado e subtraia ao duro jugo seu pescoço novo! Para mim, no entanto, a quem o destino se acostumou a tratar com crueldade, há tempo estou afeito a todo tipo de desgraças. Vim até os confins dos getas: que neles morra eu e que minha Parca termine como começou! Compraz nutrir alguma esperança que, sendo sempre vã, não serve para nada; se desejares que algo suceda, pensa que vai suceder. O passo seguinte a este é perder por completo a confiança na salvação e saber uma vez com toda certeza que se está perdido.

Vemos que alguns cuidados agravam certas feridas que teria sido melhor não haverem sido tocadas. Morre mais suavemente aquele que é tragado por uma repentina onda que aquele que agita os braços nas vagas revoltas. Por que imaginei que pudesse ver-me livre dos confins cíticos e usufruir de uma plaga mais favorável? Por que alguma vez esperei por algo mais ameno para mim? Era assim que eu conhecia minha própria fortuna? Eis que sofro mais cruelmente e evocando o aspecto dos lugares a tristeza de meu desterro se renova e se faz parecer mui recente. Mais vale, no entanto, a falta de zelo de meus amigos que se houvessem apresentado preces inúteis. É uma pesada causa que não vos atreveis a assumir, amigos, porém se alguém a pedisse, haveria quem quisesse dá-la. Desde que a cólera do César não me negue isto, morrerei animosamente nas águas do Ponto Euxino.

8. *A Fábio Máximo*

> Não se dispõe de nenhuma referência que permita datar esta breve epístola. É possível que tenha sido escrita no meado do ano 14, data da morte de Fábio Máximo, pouco antes da de Augusto.

Procurava eu qual presente poderia enviar-te a terra de Tomos, que testemunhasse meu afetuoso recordo. Digno és da prata e mais digno ainda, do ouro fulvo, porém é quando os dás que eles costumam agradar-te. Por outro lado, estes lugares não são ricos em metais preciosos: mal permite o inimigo que o campônio os labore. Fulgurante púrpura cobre amiúde tuas vestes, porém sua tintura nada deve ao mar sarmático. As ovelhas têm duros velos e as mulheres de Tomos não aprenderam a utilizar a arte de Palas. Em vez de tecer a lã, elas trituram os dons de Ceres e carregam sobre a cabeça uma pesada carga de água. Aqui o olmo não se cobre com os pâmpanos das vinhas, os frutos não abatem as ramas com seu peso. As planícies horrendas produzem o triste absinto e a terra, por seus produtos, mostra todo o seu amargor. Assim, pois, nada havia em toda a região do Ponto Sinistro que minha solícita amizade pudesse enviar-te. Envio-te, nada obstante, flechas encerradas num carcás cítico. Faço votos que se manchem com o sangue de teus inimigos. Eis os cálamos desta região, eis seus livros, eis a Musa, Máximo, que reina nos lugares em que eu vivo! Conquanto me envergonhe de haver-te enviado este presente, pois me parece algo pouco valioso, peço, contudo, que o aceites cordialmente.

9. *A Bruto*

> Tanto a epístola I 1 que servia de prólogo como esta, que serve de epílogo aos três *libelli*, tem o mesmo destinatário. Ambas teriam sido escritas por volta da segunda metade do ano 13 d.C.

Tu me dizes, Bruto, que um não sei quem critica meus poemas porque há nestes livros sempre o mesmo pensamento, que eu não peço outra cousa senão poder desfrutar de uma terra mais próxima e que não falo senão de que estou cercado por numerosos inimigos. Oh! Como entre tantos defeitos meus se censura um só! Se é só esta falta que comete minha Musa, está bem. Eu mesmo vejo os defeitos de meus livros, conquanto cada um atribua a seus poemas mais valor que o que merecem. O autor enaltece sua obra: assim, talvez, em outro tempo, disse Ágrio que Térsites tinha um belo rosto[34]. Tal tipo de erro não deturpa, nada obstante, meu julgamento, nem me apraz à primeira vista tudo quanto produzi. Perguntas-me, pois, por que obro mal, se vejo que cometo faltas e tolero que haja culpa em meus escritos? Sentir as enfermidades não é o mesmo que curá-las: a faculdade de senti-las a possuem todos, porém só a ciência suprime o mal. Às vezes, mesmo desejando alterar algum termo, deixei-o e as forças abandonaram minha decisão. Às vezes – por

---

34. Térsites, filho de Ágrio, é o herói mais feio e covarde de todos os gregos que participaram na Guerra de Tróia.

que não iria eu confessar-te a verdade? – custa-me corrigir e suportar o peso de um longo esforço. O próprio trabalho ajuda quem o escreve diminuindo sua fadiga e a obra, à medida que avança, se lhe aquece no coração. Assim como o corrigir é algo tanto menos difícil quanto o grande Homero era maior que Aristarco[35], do mesmo modo prejudica a inspiração com o frio paralisante dos escrúpulos e reprime o freio do cavalo ávido por correr. Possam os benévolos deuses abrandar em meu favor a cólera do César e possa uma terra pacífica recobrir meus ossos, como é certo que, se quero às vezes aplicar-me ao meu trabalho, mo impede o aspecto cruel de minha fortuna. Mal me parece agir com sensatez, quando escrevo poemas e procuro corrigi-los entre os ferozes getas. Nada obstante, nada é mais escusável em meus escritos que o fato de que em quase todos haja um só sentimento. Quando estava alegre, cantei de ordinário minhas alegrias; agora que estou triste, canto minha tristeza: uma e outra situação estão acordes à sua obra. Que iria escrever eu senão acerca das misérias desta amara região? Que iria pedir senão morrer num solo mais ameno? Conquanto tantas vezes diga as mesmas cousas, quase ninguém me escuta e minhas palavras não ouvidas ficam sem efeito. Nada obstante, conquanto o argumento seja o mesmo, não o escrevi para as mesmas pessoas e minha monótona voz pede socorro por meio de muitos. Ou, para que o leitor não encontrasse o mesmo pensamento duas vezes, serias tu o único de meus amigos, Bruto, a quem deves-

....
35. Aristarco de Samotrácia, gramático e comentarista de textos, em especial de Homero, que viveu na primeira metade do século II, concretamente entre os anos 217 e 145 a.C. Sucedeu a Apolônio à frente da Biblioteca de Alexandria. De seus discípulos, destacaram-se Apolodoro e Dionísio Trácio.

se eu implorar? Isto não teve tanta importância; perdoai, doutos amigos, a este réu confesso. A fama de minha obra vale menos que minha salvação.

Enfim, num argumento tirado de sua própria imaginação, o poeta pode a seu talante variar seus efeitos. Minha Musa é também uma intérprete assaz real de meus males; ela tem a autoridade de uma testemunha incorruptível. Meu propósito e minha preocupação não eram fazer um livro, mas enviar a cada um sua carta. Depois, recolhidas de qualquer modo, reuni-as sem uma ordem determinada. Não penses que esta obra foi o resultado de alguma escolha por minha parte. Sê indulgente com meus escritos cuja origem não foi minha glória, mas a utilidade e o dever.

LIVRO IV

1. *A Sexto Pompeu*

> O agradecimento de Ovídio tinha duplo motivo: por um lado, durante o inverno do ano 8 ao 9, sendo Pompeu governador da Macedônia, prestou-lhe valiosa ajuda e proteção, em sua travessia por terra de Tempira a Tinias; por outro, Ovídio recebeu dele importante ajuda econômica.

Recebe, Sexto Pompeu, o poema composto por quem te deve a vida. Se tu não me impedires de pôr teus nomes, acrescerás a teus méritos também este mui particular. Se franzires as sobrancelhas, confessarei sem dúvida que agi mal, porém tu deves aprovar o motivo de minha falta. Meu coração não pôde conter seu reconhecimento: rogo-te que tua cólera não seja severa com meu dever de piedade. Oh! Quantas vezes me pareceu que eu era ímpio em meus livros, porquanto não se lia nenhures o teu nome! Oh! Quantas vezes, querendo escrever o de outro, minha destra inconscientemente pôs o teu sobre a cera! O próprio erro, em tais equivocações, foi-me prazeroso e foi quase um castigo para a mão efetuar a emenda. "Em suma, que o veja", dizia eu, "mesmo que se queixe! Ah! Envergonha-me não ter merecido antes tal repreensão." Entrega-me ao Lete, que insensibiliza o coração – se é que existe –, todavia não poderei olvidar-me de ti. Permite-mo, eu te rogo, e não rechaces as minhas tediosas palavras nem penses que em meu dever há delito. Deixa-me testemunhar-te minha pequena gratidão por tão grandes benefícios; do contrário, eu te serei grato mesmo contra tua vontade. Jamais teu crédito tardou o atendimento aos meus interesses, jamais tua arca me negou seus generosos recursos. Ainda hoje a tua clemência, sem se assustar por meu inesperado destino, presta e continuará prestando ajuda a minha existência. Perguntas-me, quiçá, de onde me vem tanta confiança no futuro? Cada um protege a obra que realizou. Como a Vênus que espreme os cabelos umedecidos pela água do mar[1] é a obra mais célebre do escultor de Cós, como se eleva, guardiã da cidadela de Acte, a deusa guerreira esculpida em marfim ou bronze pela mão de Fídias[2], como Cálamis[3] reivindica a glória dos cavalos que criou, como a vaca, obra de Míron, é semelhante a uma real[4], assim, Sexto, eu não sou a última de todas as tuas obras e devo ser considerado como dom e obra de tua proteção.

---

1. O artista de Cós é Apeles, famoso pintor grego do último terço do século IV a.C. Sua *Vênus Anadiômene* mostrava a deusa saindo do mar, com a água à cintura e premendo seus úmidos cabelos.
2. Fídias havia esculpido duas estátuas colossais de Atena: uma era de marfim e de ouro, chamada por isso "criselefantina", a Atena *Parthénos*; a outra era de bronze, a Atena *Prómachos*, sua obra mais antiga, um colosso de uns 15 metros.
3. Cálamis era um escultor de origem beócia, que viveu na primeira metade do século V, famoso, sobretudo, por suas reproduções de cavalos.
4. Míron, um dos mais famosos estatuários gregos, foi autor de numerosas esculturas de bronze de deuses, atletas e animais; destas, destacava-se a de uma vaca.

2. *A Severo*

O destinatário desta epístola, Cornélio Severo, freqüentou o Círculo de Messala, ao lado de Tibulo e do próprio Ovídio. É autor de poemas épicos sobre os Reis de Roma (cf. *P.* IV 16, 9) e a Guerra da Sicília e de uma História de Roma. Ovídio não pede a Severo nenhuma ajuda, embora, talvez, isso houvesse sido feito na correspondência em prosa mantida entre os dois poetas.

O que lês, Severo, o mais importante poeta dos grandes reis, vem-te do país dos getas de longa cabeleira. Teu nome – se me permites dizer a verdade –, envergonha-me que meus livros o hajam silenciado até agora. Nada obstante, minhas cartas órfãs de ritmo jamais deixaram de realizar com complacência seu recorrido alterno. O que não te enviei foram apenas poemas que testemunhassem meu solícito recordo: para que dar-te o que tu mesmo fazes? Quem daria mel a Aristeu[5], vinho de Falerno a Baco, cereais a Triptólemo[6] ou frutos a Alcínoo[7]? Tu tens um espírito fecundo e para ninguém dos que veneram o Hélicon[8] brota uma messe com mais abundân-

5
10

....
5. Aristeu, filho de Apolo e da ninfa Cirene, a quem as ninfas ensinaram a apicultura, que ele transmitiu aos homens.

6. Triptólemo, grande herói de Elêusis. Segundo a lenda, em recompensa pela hospitalidade que seus pais ofereceram a Deméter em Elêusis, esta lhe doou um carro puxado por dragões alados e lhe ordenou que percorresse o mundo semeando grãos de trigo (cf. *Fastos* IV 507 ss.; *Met.* V 642 ss. e P. Grimal, *op. cit.*, p. 524).

7. O palácio de Alcínoo, rei dos feácios, era cercado por um extraordinário vergel, em que se cultivava toda espécie de frutos (*Odisséia* VII 117 ss. e *P.* II 9, 42).

8. O Hélicon era uma cadeia montanhosa da Beócia consagrada a Apolo, onde as Musas tinham um famoso templo. Ali Apolo dirigia seus cantos à volta da fonte de Hipocrene.

cia. Enviar um poema a uma pessoa assim seria como acrescer folhas às selvas. Tal foi a razão de meu retraso, Severo. Meu espírito, no entanto, não me responde como antes, porém aro uma árida praia com um arado estéril. Com efeito, assim como a lama obstrui as saídas da água e esta, impedida, se estagna, quando se contém seu manancial, do mesmo modo o meu peito está conspurcado pelo lodo das desgraças e meus versos fluem de uma veia assaz empobrecida. Crê-me: se esta plaga abrigasse o próprio Homero, ter-se-ia ele também transformado num geta. Perdoa a quem reconhece sua falta: deixei também caírem os freios de minhas afeições poéticas e escassas letras são traçadas por meus dedos. Esse sagrado ímpeto, que nutre o coração dos poetas e que antes costumava haver em mim, desapareceu. Minha Musa mal acode a seu papel, com muito custo e quase à força ela põe suas preguiçosas mãos na tábula que tomei. O prazer de escrever é pequeno, para não dizer nulo. Não me apraz ligar as palavras em combinações métricas, seja porque não obtenho com tal prática algum fruto, uma vez que ela foi a origem de minhas desgraças, seja porque é o mesmo que dançar na obscuridade escrever um poema que a ninguém se irá ler. O ouvinte estimula o interesse, os elogios aumentam o mérito e a glória supõe um grande incentivo. A quem posso recitar aqui as minhas obras, a não ser aos ruivos corálios e aos outros povos que o bárbaro Istro abriga? Que devo, porém, fazer sozinho e em que posso empregar meu triste ócio e encurtar os dias? Como, pois, não me domina o vinho nem o enganador jogo de azar, por meio dos quais o tempo costuma passar despercebido e em silêncio, e como – o que eu desejaria, se a guerra cruel mo permitisse – eu

não tenho o prazer de renovar a terra cultivando-a, que
me sobra senão as Piérides, fria consolação, deusas que 45
não mereceram muito de mim?

Tu, ao contrário, que bebes com mais ventura na fonte de Aônia[9], ama o estudo que te leva ao êxito; consagra-te com razão ao serviço das Musas e envia-me para cá
alguma obra de teu trabalho recente, para que possa lê-la. 50

---

9. Aônia é o nome mitológico da Beócia: portanto, a fonte de Aônia é a fonte do Hélicon, na Beócia, isto é, a fonte das Musas.

3. A um ingrato

> Esta epístola é dirigida a um velho amigo que, temendo represálias, abandonou o poeta no momento em que mais precisava de amparo. Ovídio lembra-lhe que a fortuna humana é mui inconstante, que as circunstâncias se alternam com momentos de alegria e de profunda tristeza.

Devo queixar-me ou calar-me? Expor teu delito sem nomear-te ou querer que todos saibam quem és? Não empregarei teu nome para que minhas queixas não te proporcionem mais estima e meus versos não te valham fama. Enquanto minha nave repousava sobre uma sólida quilha, tu eras o primeiro que querias navegar comigo. Agora, porque a Fortuna franziu o cenho, tu te retiras, após saberes que necessito de tua ajuda. Dissimulas inclusive e não queres aparentar que me conheces e, ao escutar meu nome, perguntas quem é Nasão. Eu sou aquele que, desde os primeiros anos, conquanto tu não queiras ouvi-lo, está unido a ti, quando eras ainda criança, por uma antiga amizade; aquele que costumava ser o primeiro a conhecer tuas preocupações e o primeiro a acompanhar-te nos momentos agradáveis; eu sou aquele que freqüentava tua casa e era como de tua família pelo assíduo trato; eu sou aquele que, a juízo teu, era tua única Musa; eu sou aquele que tu, ó pérfido, não sabes agora se vive e sobre o qual não tiveste nenhum interesse em te informares. Se nunca te fui caro, confessa que dissimulaste; se não fingias, tu te tornaste volúvel. Ou então, dize-me qual ressentimento te alterou. Se, pois, tua queixa não é justificada, o é a minha. Que culpa te im-

pede agora ser como antes? Acaso tu chamas culpa o
fato de que eu haja começado a ser infeliz? Se tu não me
ajudavas nem com teus recursos nem com teus atos, po-
derias, ao menos, ter-me enviado tua carta com três pa-
lavras. Na verdade, custa-me acreditar, porém o rumor diz
que tu me insultas em minha desgraça e que não me pou-
pas com palavras. Ah! Que fazes tu, ó insensato? Por que,
se a Fortuna se retira, tu mesmo privas de lágrimas teu
naufrágio? Esta deusa proclama sua inconstância pela roda
móvel cujo vértice ela mantém sempre sob seu insegu-
ro pé. Ela é mais instável que qualquer folha, que qual-
quer brisa. Só a tua volubilidade, ó malvado, é igual à dela.
Todas as cousas humanas estão suspensas a um tênue fio
e as situações sólidas desabam subitamente. Quem não
ouviu falar da opulência do rico Creso[10]? No entanto, fei-
to prisioneiro, conservou a vida graças a seu inimigo.
Esse homem, tão temido há pouco em Siracusa, mal con-
seguiu evitar uma fome cruel mediante um humilde mis-
ter[11]. Quem foi maior que Pompeu, o Grande? Nada obs-
tante, em sua fuga, pediu com voz suplicante a ajuda de
um cliente[12], e aquele a quem obedecia o universo intei-
ro*** Célebre por seus triunfos sobre Jugurta e os cím-
brios, cônsul que deu tantas vezes a vitória a Roma, Má-
rio deitou-se na lama entre os caniços de um pântano e
sofreu muitos ultrajes indignos de tão grande homem[13].

....
10. Creso, o ultimo rei da Lídia, famoso por suas grandes riquezas.
11. Referência a Dionísio, o Jovem, tirano de Siracusa.
12. Pompeu, depois de ser derrotado na Farsália por César, fugiu ao Egi-
to, onde pediu asilo ao rei Ptolomeu XIV, que mandou decapitá-lo, enviando
sua cabeça a César.
13. Mário, ao ser expulso de Roma por Sila no ano 88, refugiou-se nas
marismas de Minturnas, onde se submergiu na água lodosa de uma lagoa, ocul-
tando-se sob canas e ramas.

O poder divino diverte-se com as cousas humanas e mal se encontra na hora presente uma garantia segura. Se alguém me tivesse dito: "Irás ao litoral euxino e temerás ser ferido pelo arco de um geta", eu teria respondido: "Anda, bebe os sumos que purgam as mentes e tudo o que se produz em toda a Antícira[14]." Nada obstante, suportei isto tudo e, embora pudesse evitar os dardos humanos, não poderia esquivar também os do maior dos deuses. Procura tu também temer e pensa que, enquanto falas, o que faz tua alegria pode tornar-se objeto de tristeza.

---

14. Antícira, antiga cidade da Fócida, era famosa pelo eléboro que se cultivava em suas proximidades e que, segundo se dizia, curava a loucura e servia para limpar o cérebro (J. André, *op. cit.*, n.º 7, p. 170).

4. A Sexto Pompeu

> Nesta carta Ovídio saúda Sexto Pompeu pelo anúncio de seu consulado para o 14 d.C.

Não há dia tão umedecido pelas nuvens vindas do sul que não chova sem interrupção. Não há lugar tão estéril para que uma planta útil não esteja quase sempre mesclada com os duros espinhos. Nada tão lastimoso fez a severa Fortuna que alguma alegria de alguma forma não venha aliviar a desgraça. Eis que, privado de minha casa, de minha pátria e dos olhares dos meus, náufrago lançado às águas do litoral gético, encontrei, nada obstante, um motivo para poder serenar o rosto e olvidar minha sina. Com efeito, como passeava solitário pela dourada areia, pareceu-me ouvir sussurrar atrás de mim uma asa. Voltando-me, não pude ver nenhum corpo e, não obstante, estas palavras foram acolhidas por meus ouvidos: "Eis que eu, a Fama, deslizando pelo ar através de imensos caminhos, venho a ti como mensageira de notícias alegres. Sob o consulado de Pompeu, para ti o mais querido de todos, o próximo ano será radiante e venturoso!" Ela disse e, após ter enchido o Ponto com a alegre notícia, a deusa dirigiu seu rumo daqui para outras nações. Para mim, porém, dissipadas as aflições em meio de tais novos gozos, desapareceu a dureza hostil deste lugar.

Quando, pois, tiveres aberto o longo ano, ó Jano de duplo rosto, e houver sido expulso dezembro pelo mês

25 a ti consagrado[15], a púrpura da suprema dignidade vestirá Pompeu, para que este não tenha nada mais a acrescer aos seus títulos. Já me parece ver que a multidão quase rompe teus átrios e o povo se machuca por falta de espaço. Parece que te vejo entrar primeiro no templo
30 da rocha Tarpéia[16] e que deuses se volvem propícios aos teus votos. Bois brancos como a neve, aos que nutriu a erva das planícies faliscas, estendem os pescoços à acha certeira[17]. Tu desejarás que todos os deuses te sejam pro-
35 pícios, mas sobretudo Júpiter e César. A Cúria te receberá e os Pais, convocados segundo o costume, prestarão atenção às tuas palavras. Quando tua voz os tiver alegrado com teu discurso eloqüente e quando, segundo o uso, esse dia houver trazido palavras de felicitação, quando houveres dado merecidas graças aos deuses e ao Cé-
40 sar – que te dará a ocasião de renová-las sempre –, tu voltarás a casa em companhia de todo o Senado, e tua mansão mal albergará a homenagem do povo. Infeliz de mim! Eu não serei visto nessa multidão e meus olhos não
45 poderão desfrutar desse espetáculo! Conquanto estejas

....

15. Jano, um dos deuses mais antigos de Roma, a quem estava dedicado o primeiro mês do ano, que toma dele seu nome (*ianuarius* = janeiro), era representado por uma efígie com dois rostos, um dos quais mirava para trás e outro para frente, para indicar, talvez, o ano que acaba e o que começa.

16. No dia primeiro de janeiro de cada ano, os novos cônsules, depois de ouvir os auspícios e receber o Senado, se dirigiam em procissão ao Capitólio para oferecer sacrifícios aos deuses. Concretamente, um dos templos onde se ofereciam sacrifícios era o de Jano, para recordar a ajuda do deus quando os sabinos se dispunham a assaltar o Capitólio.

17. O próprio Ovídio nos relata (cf. *Fastos* I 63-88) as cerimônias em honra do deus Jano que ocorriam no primeiro dia do ano. Quanto aos bois alvos como a neve, alimentados nos prados faliscos, vale lembrar que para os sacrifícios só eram válidas as vítimas totalmente brancas, ou seja, os bois do território falisco, já que era crença comum que as águas locais alvejavam a pele das reses que as bebiam (J. André, *op. cit.*, n.º 4, p. 170).

ausente, ver-te-ei com a mente, que é como posso e me está permitido. Ela contemplará a face de seu cônsul. Façam os deuses que em algum momento te advenha à lembrança o meu nome e digas: "Ai! Que estará fazendo esse desgraçado?" Se alguém me trouxesse estas palavras tuas, declararia sem demora que meu exílio é mais suave. 50

5. A Sexto Pompeu

Nova epístola, escrita provavelmente nos primeiros meses do ano 14, dirigida a Sexto Pompeu, já empossado no cargo de cônsul.

Ide, dísticos ligeiros, aos doutos ouvidos do cônsul e levai estas palavras ao varão coberto de honras para que as leia. Longo é o caminho e vós não avançais com pés iguais e a terra se oculta coberta sob a neve invernal. Quando tiveres atravessado a gelada Trácia, o Hemo coberto de nuvens[18] e as águas do mar Jônico, chegareis em menos de dez dias à cidade soberana, mesmo que não acelereis a vossa marcha. Ireis imediatamente à mansão de Pompeu: não há outra mais próxima ao Foro de Augusto. Se alguém, como sói ocorrer na multidão, vos perguntar quem sois vós e de onde vindes, enganai seu ouvido dando-lhe qualquer nome. Conquanto, pois, seja seguro, como penso que é o dizer a verdade, as palavras inventadas proporcionam certamente menos temor. E não tereis a possibilidade de ver o cônsul, embora ninguém vo-lo impeça, quando tiverdes alcançado seu umbral. Ou, fazendo justiça, ele administrará seus Quírites, elevado sobre um assento de marfim resplandecente de figuras[19]; ou ajustará em anunciada subasta as rendas pú-

---
18. O Hemo é uma cadeia montanhosa dos Bálcãs.
19. A cadeira curul era o assento reservado aos mais altos magistrados quando conduzidos em carro pela cidade.

blicas e não permitirá que diminuam os recursos da grande cidade; ou, quando os senadores houverem sido convocados ao templo de Júlio[20], tratará de assuntos dignos de tão grande cônsul; ou levará a saudação habitual a Augusto e a seu filho e os consultará sobre suas funções ainda novas para ele e consagrará o tempo que estes lhe deixarem livre a César Germânico: depois dos grandes deuses, é a este a quem ele venera[21].

Nada obstante, quando houver repousado de todos estes assuntos, ele estenderá até vós suas benévolas mãos e vos perguntará, quiçá, o que faço eu, vosso pai. Quero que lhe respondais com estas palavras: "Ele ainda vive e reconhece que te deve a vida que antes tem como dádiva do clemente César. Costuma contar com palavras agradecidas que tu lhe mostraste, em sua viagem para o desterro, caminhos seguros no meio da barbárie. Se a espada bistônia não se entibiou com seu sangue, foi efeito de tua solicitude. Foram acrescidos ainda outros muitos dons para preservar sua vida e para que não diminuíssem suas próprias riquezas. Em reconhecimento por estes méritos, jura pertencer a ti para sempre. As montanhas, pois, serão privadas de umbrosas árvores, os mares não terão veleiros e os rios invertendo seu curso as-

---

20. O templo de Júlio é a Cúria Júlia, onde se realizavam as sessões do Senado, para as quais se utilizavam também a Cúria Cálabra e a Cúria Hostília. Sua construção foi iniciada por César no ano 44 e acabada por Augusto no ano 29. Os áugures o declararam *templum*, como antes o haviam feito com as outras Cúrias, para que nele se pudessem celebrar reuniões rituais do Senado.

21. O interesse por Germânico aumenta, à medida que a morte de Augusto se aproxima e, depois de sua morte, será Germânico e não Druso, o Jovem, filho de Tibério, que centrará a atenção da classe dominante. Concretamente, conhecida era a intimidade de Sexto Pompeu com Germânico.

45 cenderão às suas fontes, antes que esvaeça sua gratidão por teus benefícios." Quando tiverdes assim falado, pedi-lhe que conserve seus dons! Assim será cumprida a razão de vossa viagem.

6. A Bruto

Esta nova epístola a Bruto foi enviada após haver chegado a Tomos a notícia da morte de Augusto a 19 de agosto de 14 d.C. Tendo Ovídio chegado a Tomos na primavera do ano 9, já entrou no sexto ano de seu desterro. Pouco antes de Augusto, havia morrido Fábio Máximo. Agora é a Bruto que o poeta recorre.

A carta que lês, Bruto, chega-te desses lugares onde não desejarias que estivesse Nasão. No entanto, o que não quererias tu, o quis um desgraçado destino. Ai de mim! Ele tem mais força que teus votos. Acabo de passar na Cítia o qüinqüênio de uma Olimpíada: já entramos no período de outro lustro. Persiste, com efeito, a Fortuna tenaz e de modo insidioso contrapõe seu pé maligno a meus votos. Estavas decidido, Máximo, glória da Família Fábia, a falar com voz suplicante em meu favor à divindade de Augusto. Tu morres antes da súplica e me parece que sou eu, Máximo, a causa de tua morte (e eu não valeria tão elevado preço!). Não me atrevo doravante a confiar minha salvação a ninguém: com a tua morte desapareceu também a própria ajuda. Augusto havia começado a perdoar minha falta involuntária, e abandonou ao mesmo tempo a minha esperança e a terra. Nada obstante, como o pude, exilado longe, eu te enviei, Bruto, para que o leias, um poema sobre este novo habitante do céu. Oxalá tal piedade me traga algum socorro e seja já o fim de minhas desgraças e se suavize a cólera da sagrada mansão!

Posso jurar com toda certeza que tu também formulas os mesmos votos, Bruto, tu que me és conhecido por tantas provas seguras. Com efeito, tu me demonstraste sempre uma sincera amizade, mas esta cresceu durante a adversidade. Quem visse tuas lágrimas junto com as minhas, suporia que ambos iríamos sofrer o castigo. A natureza te fez benevolente com os desgraçados e não deu a ninguém um espírito mais indulgente que a ti, Bruto. Se se ignorasse qual é a tua valia nos combates do Foro, mal se acreditaria que tua boca fosse capaz de acusar os réus! Com efeito, é próprio da mesma pessoa, conquanto pareça contraditório, ser indulgente com os suplicantes e terrível com os culpados. Quando te encarregas da defesa da severa lei, cada palavra tua parece impregnada de veneno. Possam os teus inimigos comprovar quão violento és com as armas e sofrer os dardos de tua eloqüência, que tu limas com um esmero tão subtil que ninguém creria que um tal espírito reside em teu corpo! Se vires, porém, alguém sofrer por uma sorte injusta, nenhuma mulher tem a alma mais sensível que a tua. Isto constatei eu, sobretudo, quando grande parte de meus amigos negou que me conhecia. Olvidar-me-ei desses, porém de ti jamais me olvidarei, tu que alivias minhas desgraças com solicitude. E aqui o Istro, meu mui próximo vizinho, volverá seu curso do mar Euxino para sua fonte e, como se volvessem os tempos do festim de Tiestes, irá o carro do Sol até às águas do Oriente, antes que algum de vós, que chorastes minha perda, me convença de ingratidão e de olvido.

7. *A Vestal*

O destinatário desta epístola é um centurião primípilo que, no ano 12, sob as ordens de Vitélio, combateu na reconquista de Égiso, cidade próxima à desembocadura do Danúbio. Sua bravura lhe valeu o posto de prefeito da margem esquerda do Ponto cuja capital era Tomos. Ovídio devia conhecê-lo e ter com ele alguma intimidade, o que justificaria que lhe dirigisse esta epístola celebrando suas gestas militares, sem pedir-lhe nada em troca.

Vestal, como foste enviado às águas euxinas, para fazer justiça aos povos situados sob o pólo, tu vês por ti mesmo em qual plaga eu me encontro prostrado e serás testemunha de que eu não costumo queixar-me sem fundamento. Graças a ti, jovem descendente dos reis dos Alpes, minhas palavras terão um crédito que não será inútil. Tu mesmo vês seguramente que o Ponto se congela pelo frio; tu mesmo vês o vinho solidificado pelo duro gelo; tu mesmo vês como o feroz boiadeiro iázige conduz pesadas carroças através das águas do Istro. Tu vês também que se lançam venenos sobre as curvas flechas e que as armas produzem a morte por duplo motivo. Oxalá esta região só houvesse sido contemplada e não conhecida também por ti na própria guerra!

Através de muitos perigos tu aspiraste ao grau de primípilo, honra que te foi recentemente auferida por teus méritos. Conquanto este título traga muitos frutos para ti, teu grande valor, nada obstante, é em si maior que teu posto. Isto não o nega o Istro cujas águas enrubesceu há tempo tua destra com sangue dos getas. Não o nega Égiso que, conquistada à tua chegada, compreendeu que sua situação não lhe servia de nenhuma ajuda. Na verdade, tão bem defendida por sua posição quanto por sua guarnição, a cidade tocava as nuvens sobre o cume de uma montanha. O inimigo selvagem a havia arrebatado ao rei sitônio[22] e, como vencedor, possuía as riquezas subtraídas até que Vitélio, descendo o curso do rio, desembarcou as tropas e lançou seus estandartes contra os getas[23]. De ti, porém, fortíssimo descendente do grande Dono, se apoderou o desejo ardente de te lançares contra os inimigos. Sem detença, visível de longe por tuas fulgurantes armas, tu não queres que as ações valorosas possam ficar ocultas e avanças a passos largos contra as armas, o lugar e as pedras, mais numerosas que o granizo invernal. Não te detém, nem a chuva de dardos arremessados sobre ti, nem os venábulos impregnados de sangue de víbora. Flechas com plumas coloridas se cravam em teu elmo e quase nenhuma porção de teu escudo está livre de golpes. Teu corpo não teve a sorte de esquivar todas as feridas, porém a dor é menor que teu ardente desejo de glória. Tal Ájax, no cerco de Tróia, diante das naves troianas, resistiu, diz-se, às tochas de Heitor[24]. Quando se esteve mais próximo e se iniciou o combate e se pôde lutar corpo a corpo com a fera espada, difícil é dizer o que fez aí teu espírito guerreiro, a quantos deste morte, a quais

....
22. Os sitônios eram um povo trácio, situado ao norte da Macedônia, embora aqui, como em outras passagens, se empregue o termo num sentido amplo: rei sitônio = rei trácio.
23. Vitélio é um legado encarregado da defesa da fronteira do Danúbio. Mantinha estreita amizade com Germânico (J. André, *op. cit.*, n.º 3, p. 129).
24. Alusão a um episódio da *Ilíada* (XV 674 ss.) em que Ájax, filho de Telemão, defende bravamente a esquadra grega contra o ataque dos troianos comandados por Heitor, que lhes ordena incendiar as naves gregas. Ájax comanda a resistência grega ferindo o próprio Heitor com uma pedrada. Aparece como o herói mais valente e forte do exército grego, depois de Aquiles.

e de que maneira. Vencedor, tu pisoteavas montes de mortos feitos por tua espada e havia muitos getas sob teus pés. O segundo centurião combate a exemplo do primeiro e os soldados recebem muitas feridas e infligem muitas. Tua coragem, porém, avantaja tanto a todos os demais quanto Pégaso corria na frente de velozes cavalos. Égiso é vencida e, graças a meu poema, Vestal, tuas proezas foram imortalizadas para sempre. 50

8. A Suílio

O destinatário desta carta é Suílio Rufo, casado com Perila, enteada de Ovídio. Após a morte de Fábio Máximo, o poeta implora sua intercessão junto à família imperial. Embora a epístola seja enviada a Suílio, nela predominam os louvores e súplicas a Germânico.

Tua carta, erudito Suílio, chegou até aqui certamente tarde, porém, nada obstante, me agradou; nela me dizes que, se um piedoso afeto pode abrandar os deuses através de rogos, tu me prestarás ajuda. Conquanto já não faças nada por mim, sou-te devedor de tua intenção amistosa e chamo mérito teu desejo de me ajudar. Que esse teu entusiasmo perdure por longo tempo e tua piedade não se canse de minhas desgraças! Algum direito me outorgam os laços de parentesco, que desejo permaneçam sempre indissolúveis. Com efeito, a mesma que é tua esposa, é quase minha filha e a que te chama genro chama-me a mim seu marido. Ai de mim se, à leitura destes versos, franzires o cenho e te envergonhares de ser meu parente! No entanto, nada poderás encontrar aqui digno de vergonha, salvo a Fortuna, que para mim foi cega. Se examinares minha estirpe, tu nos encontrarás cavaleiros desde a primeira origem, sem interrupção através de inúmeros antepassados. Se quiseres informar-te sobre quais são meus costumes, à exceção de um infeliz erro, eles carecem de mácula.

Tu, por tua vez, se esperas que podes conseguir algo com tuas preces, implora com voz suplicante os deuses que veneras. Que teus deuses sejam o jovem César: aplaca tuas divindades! Nenhum altar te é seguramente mais conhecido que este. Ele não deixa jamais que as súplicas de seu sacerdote sejam vãs: busca junto a ele ajuda para minha situação. Se aquela brisa, por débil que fosse, chegasse até mim, minha barca submersa ressurgiria dentre as águas. Então eu oferecerei solene incenso às vorazes chamas e darei testemunho de quanto poder têm tuas divindades. Não te erigirei, Germânico, um templo de mármore de Paros: minha ruína consumiu meus recursos. As famílias e as cidades afortunadas erigir-te-ão templos; Nasão testemunhará seu reconhecimento com seus versos, que são seus bens. Na verdade, confesso-o, estou trocando um pequeno presente por um grande ao oferecer palavras pela salvação concedida. Quem, porém, dá o máximo que pode é plenamente reconhecido e tal piedade alcançou seu limite. E não vale menos o incenso que oferece o pobre aos deuses num cofrezinho que o oferecido numa grande bandeja. A ovelha que mama tinge tão bem com seu sangue os altares Tarpéios como a vítima nutrida com a erva falisca.

Nada obstante, nada há tão digno dos príncipes como a homenagem prestada através dos versos dos poetas. Os versos atuam como arautos de vossas glórias e impedem que a fama de vossos feitos seja passageira. Com a poesia, a virtude se torna duradoura e, livre do sepulcro, conserva o recordo da remota posteridade. A idade destruidora rói o ferro e a pedra e nada tem mais força que o tempo. Os escritos suportam os anos. Pelos escritos se conhecem Agamêmnon e os que combateram contra ele ou a seu lado. Sem a poesia, quem conheceria Tebas e seus Sete Chefes, tudo o que houve antes e depois dela?

Também com os poemas, se é permitido dizê-lo, surgem os deuses e sua majestade soberana necessita de uma voz que a cante. Assim sabemos que o Caos, a partir da massa da natureza primitiva, ordenou seus elementos; que os Gigantes, querendo conquistar o império dos céus, foram precipitados no Estige pelo fogo cercado de nuvens do Vingador[25]. Assim sabemos que Líber vitorioso teve a glória de ter triunfado dos indianos[26] e Alcides de ter conquistado a Ecália[27]. E há pouco, César, os versos tiveram uma parte na consagração de teu avô cuja virtude uniu aos astros.

Assim, Germânico, se meu espírito conserva ainda um pouco de vida, ela será dedicada toda a ti. Como poeta, tu não podes desprezar a homenagem de um poeta: tu sabes que isto tem o seu valor. Se teu grande nome não te houvesse chamado às mais elevadas tarefas, tu terias sido a maior glória das Piérides[28]. É mais belo, porém, fornecer matéria aos poemas que compô-los, no entanto tu não podes abandonar inteiramente a poesia. Na verdade, ora levas a cabo guerras, ora submetes palavras ao ritmo e o que para outros é um trabalho será para ti um jogo. Assim como Apolo não é indolente nem com a cítara nem com o arco, porém uma e outra corda se adaptam a suas sagradas mãos, do mesmo modo tu não

....

25. Argumento das diversas *Gigantomaquias*, entre outras a que, segundo parece, compôs Ovídio (cf. F. Della Corte, "La Gigantomachia di Ovidio", *Studi filologici e storici in onore de V. de Falco*, Nápoles, 1971, pp. 435-45).

26. Líber, dotado de poderes místicos, é o sobrenome itálico de Dioniso.

27. Hércules, neto de Alceu, a quem o rei de Ecália, Êurito, havia recusado a mão de sua filha Iola, comandou uma expedição contra a cidade que tomou, matando o rei e seus filhos e tornando prisioneira e concubina a Iola.

28. Ao dedicar seus *Fastos* a Germânico, Ovídio celebra já nesta obra (I 23-24) o valor poético do jovem príncipe.

ignoras nem as artes do douto nem as do príncipe, porquanto em teu espírito se acham unidos Júpiter e a Musa. E posto que esta não me afastou da fonte que fez brotar o casco do cavalo nascido da Górgona[29], que me sirva de proveito e de ajuda velar sobre cultos comuns e ter cultivado os mesmos estudos. Que finalmente consiga fugir dos litorais mui próximos dos corálios vestidos de peles e dos cruéis getas e se, em minha desventura, a pátria está fechada para mim, que me transfiram para um lugar menos afastado da cidade ausônia, de onde eu possa celebrar tuas glórias recentes e relatar tuas façanhas sem a menor delonga. Roga, caro Suílio, em favor deste que é quase teu sogro, que esta súplica alcance os deuses celestiais.

....
29. Pégaso, cavalo nascido da terra fecundada pelo sangue da Górgona, fez brotar com seu casco a fonte de Hipocrene, no monte Hélicon, ao redor da qual se reuniam as Musas.

9. A Grecino

>Esta é a última epístola dirigida a Grecino; nela se descreve a sua posse no cargo de cônsul, que ocorreu no ano 16, seguida da de seu irmão, Pompônio Flaco, no ano 17.

É de onde pode, não de onde lhe agrada, Grecino, que Nasão te envia das águas do Euxino esta saudação. Uma vez enviada, façam os deuses que ela chegue à aurora do primeiro dia que te dará os doze fáscios[30]! Cônsul, tu irás sem mim ao Capitólio e não farei parte de teu séquito; assim que minha carta substitua seu dono e te leve no dia fixado a homenagem de teu amigo. Se eu houvesse nascido sob melhores destinos e se a roda de meu carro girasse sobre um eixo intacto, minha língua teria cumprido o dever de saudar-te que agora cumpre minha mão através deste escrito; tendo-te felicitado, abraçar-te-ia com beijos mesclados com ternas palavras e essa honra não seria menos minha que tua. Naquele dia, confesso-o, estaria tão ufano que casa alguma poderia conter meu orgulho; enquanto te escolta um grande cortejo de veneráveis senadores, ordenar-me-iam ir, como cavaleiro, diante do cônsul e, conquanto quisesse estar sempre próximo a ti, alegrar-me-ia de não ter tido um lugar a teu lado e não me queixaria mesmo que me machucasse a multidão, porém sentiria prazer que o povo me apertas-

---

30. Os fáscios (ou fasces) eram feixe de varas com que os lictores acompanhavam os cônsules, como insígnia do direito que tinham estes de punir.

se. Contemplaria com gozo a importância do cortejo e a extensão do caminho ocupado por uma compacta multidão e, para que saibas como me tocam as cousas mais simples, fixaria o olhar na púrpura que te cobre. Examinaria também as figuras cinzeladas da cadeira curul e todas as esculturas de marfim númida. No entanto, quando houvesses sido conduzido à cidadela Tarpéia, enquanto se imolasse por tua ordem a sagrada vítima, o grande deus que trona no meio do templo me haveria ouvido a mim também dar-lhe graças em segredo e eu lhe teria oferecido incenso em pensamento mais que num incensório pleno, três e quatro vezes feliz pela honra de teu supremo poder. Contar-me-iam entre teus amigos presentes, se um destino mais suave me concedesse o direito de permanecer em Roma, e o prazer que agora sinto só com a mente, senti-lo-ia então também com os olhos. Não o quiseram assim os deuses e quiçá com razão. De que, pois, me valeria negar o motivo de meu castigo? Servir-me-ei, nada obstante, de minha mente, que é a única que não está desterrada desse lugar e contemplarei tua pretexta e teus fáscios. Ela só te verá julgando o povo e crerá assistir às tuas deliberações secretas. Ela ora imaginará que tu subastas as rendas do estado pela duração de um lustro e procedes com escrupulosa probidade a todas as adjudicações; ou que falas com eloquência no meio do Senado pedindo o que reivindica o interesse público, ou que dás graças aos deuses em nome dos Césares, ou que feres os pescoços brancos de formosos bois. Oxalá, depois que tiveres pedido o mais importante, rogues que a cólera do príncipe se apazigúe em meu favor! Que a esta voz o fogo se eleve piamente do altar repleto de oferendas e que seu lúcido pináculo dê um bom presságio a este voto!

Entretanto, para que nem tudo sejam queixas, aqui também celebrarei, como puder, uma festa para teu consulado. Há outro motivo de alegria não inferior ao primeiro: teu irmão será teu sucessor em tão grande honra. Quando, pois, expirar para ti, Grecino, o poder no último dia de dezembro, assumi-lo-á ele no dia de Jano. E há tal afeto entre vós que vos rejubilareis mutuamente, tu dos fáscios de teu irmão e ele dos teus. Assim, tu terás sido duas vezes cônsul e ele outras duas e em vossa casa se assistirá a uma dupla honra. Qualquer que seja a sua magnitude, conquanto a marcial Roma não conheça nenhum outro poder mais elevado que o supremo de cônsul, a importância de quem o confere, nada obstante, aumenta ainda tal honra e o dom concedido guarda a majestade de quem o outorga. Que vos seja, pois, permitido, a Flaco e a ti, gozar para sempre do favor de Augusto. Quando o zelo pelos assuntos urgentes não o dominar, acrescei, eu vos rogo, vossos votos aos meus. E se a brisa enfunar a vela, soltai as amarras para que minha nave deixe as águas estígias.

Flaco esteve há pouco à frente desta região, Grecino, e a margem selvagem do Danúbio esteve segura durante seu governo. Ele manteve os povos mísios em paz fiel e, com a espada, aterrou os getas confiantes em seus arcos. Por sua valentia e prontidão, reconquistou Tresmis[31], que nos havia sido arrebatada e enrubesceu o Danúbio com sangue selvagem. Pergunta-lhe qual é o aspecto deste lugar, quais são os inconvenientes do clima

---

31. Tresmis, cidade situada à margem direita do baixo Danúbio, na Mésia inferior. Era uma fundação geta cedida por Roma aos príncipes trácios aliados que vigiavam a fronteira. Tomada em uma invasão dos getas no ano 15 a.C., foi reconquistada por Pompônio Flaco.

cítico, pergunta-lhe quanto me aterra a vicindade do inimigo, se suas ligeiras flechas estão untadas de veneno de serpente, se oferecem vítimas humanas em cruéis sacrifícios, se eu minto ou se o Ponto se congela solidificado pelo frio e se o gelo ocupa vastos arpentos de mar. Quando te houver feito tais relatos, pergunta-lhe qual é a minha reputação e como passo estes momentos difíceis. Não sou objeto de ódio aqui e, na realidade, não mereço sê-lo e com minha sorte não se alteraram também meus sentimentos. Aquela serenidade de espírito, que tu costumavas elogiar, aquele antigo pudor persiste habitualmente em meu rosto.

Estou longe, Grecino, aqui, onde o bárbaro inimigo faz que tenham mais força as feras armas que as leis, sem que, ao longo de tantos anos, não haja mulher, nem homem, nem criança que possa queixar-se de mim. Isto faz que os habitantes de Tomos me ajudem e me assistam em minha desgraça, já que devo invocar o testemunho desta terra. Eles preferem que eu parta, porque vêem que o desejo, porém em seu próprio interesse desejam que aqui eu permaneça. Tu não me crerás: há decretos públicos que me elogiam e me isentam de impostos. E, embora aos desgraçados não convenha a notoriedade, as cidades vizinhas me outorgam o mesmo privilégio. Não se ignora a minha piedade: esta terra hospitaleira vê em minha casa um santuário dedicado ao César. Nele estão, igualmente, seu piedoso filho e sua esposa, a sacerdotisa, divindades não menos importantes que o já reconhecido como deus. E para que não falte nenhum membro desta família, nele se encontram também seus dois netos, um ao lado da avó, o outro ao lado do pai. Eu lhes ofereço incenso e suplicantes palavras cada vez que o dia desponta no Oriente. Se a interrogares, toda a terra do Ponto, testemunha de minha piedade, te dirá que isto não é invenção minha. Sabe a terra do Ponto que eu celebro o natalício do deus neste altar com toda a solenidade que posso. E não menos conhecida é esta piedade dos estrangeiros que a longa Propôntide[32] envia a estas águas. Teu próprio irmão, sob cujo comando estava a margem esquerda do Ponto, talvez tivesse ouvido estes fatos. Minha sorte não responde a meu sentimento e em minha pobreza consagro com prazer meus escassos recursos a esta homenagem.

Exilado longe de Roma, eu não ofereço este espetáculo aos vossos olhos, mas me contento com uma piedade silenciosa. E, nada obstante, estas notícias chegarão um dia aos ouvidos do César[33]: nada lhe escapa do que ocorre no mundo inteiro. Tu, César, chamado a estar entre os deuses, tu bem o sabes e o vês, porque a terra está submetida a teus olhares. Colocado entre os astros da abóbada celeste, tu ouves minhas preces que eu te faço com boca inquieta.

Talvez cheguem também aí esses versos que enviei compostos para celebrar tua nova divindade! Assim eu auguro que eles dobrarão tua divina vontade e não é sem razão que tu ostentas o doce nome de Pai.

---

32. A Propôntide é o atual mar de Mármara.
33. Refere-se a Tibério.

10. A Albinovano

> Albinovano Pedão é autor de um poema épico sobre a campanha militar na Germânia, de uma *Teseida* e de alguns epigramas. Ovídio compara-o ao próprio Teseu, modelo de amizade e fidelidade.

Este é o sexto verão que chega ao litoral cimério e que deve ser passado por mim entre os getas cobertos de peles. De qual pedra, de qual ferro, meu caríssimo Albinovano, podes comparar a dureza à minha? A gota de água socava a pedra, o anel se desgasta com o uso e a recurva relha com a terra que revolve. Assim, pois, o tempo voraz devorará a tudo, exceto a mim: a própria morte, vencida por minha resistência, se retrasa.

Um exemplo de espírito mui paciente é Ulisses, sacudido durante dois lustros no inseguro mar; nada obstante, ele não teve que suportar durante todo esse tempo todas as vicissitudes de um destino atormentado, e amiúde teve momentos de repouso. Foi-lhe penoso acariciar durante seis anos a formosa Calipso[34] e achegar-se ao leito de uma divindade marinha? Acolheu-o o filho de Hipotes[35], que lhe ofertou os ventos como prêmio, para

---
34. Calipso, ninfa marinha, filha de Atlas (ou Atlante) e de Oleíone ou do Sol e de Perseida, vivia na ilha Ogígia, no Mediterrâneo ocidental, e recebeu Ulisses oferecendo a ele a imortalidade, se permanecesse ali com ela. Ulisses, porém, não se deixou seduzir.

35. Éolo, deus dos ventos, chamado "o Hipótada" por ser filho de Hipotes (cf. Ruiz de Elvira, *op. cit.*, p. 310), recebeu amistosamente Ulisses em sua ilha de Eólia e o hospedou durante um mês.

que uma brisa favorável enfunasse e impelisse suas velas. Não lhe foi tedioso ouvir o belo canto das donzelas[36], nem lhe foi amaro o loto que degustou[37]. Eu compraria ao preço de uma parte de minha vida, se mos dessem, esses sumos que fazem olvidar a pátria. E não vás comparar jamais a cidade dos lestrigões[38] com os povos que rodeia o Istro com seu sinuoso curso. Nem o Ciclope avantajará em fereza o cruel Fiaces[39]: que parte não costuma ter este em meu terror? Que ladre Cila, com os monstros selvagens, em sua virilha mutilada; as naves henióquias[40] são mais perigosas para os marinheiros. Nem podes comparar Caribde[41] com os odiosos aqueus[42], mesmo que ela vomite três vezes a onda que tragou outras três. Embora estes vagueiem com mais liberdade pela margem direita, não deixam, nada obstante, a nossa em segurança. Aqui os campos não têm plantas, as flechas são untadas com veneno, o inverno torna o mar acessível para o tran-

---

36. Referência às Sereias, divindades marinhas representadas com corpo de peixe e cabeça de mulher. Dotadas de voz maravilhosa, atraíam os navegantes que passavam pelos arredores da Sicília e os devoravam.

37. Alusão à passagem da *Odisséia* (IX 82 ss.) que conta como Ulisses e seus homens chegam à região dos lotófagos, ao sul da ilha de Chipre, que os acolhem de forma hospitaleira e lhes oferecem para comer seu fruto característico, o loto, que fazia perder a memória.

38. Os lestrigões, habitantes do sul do Lácio, eram um povo formado por gigantes antropófagos que devoravam todos os estrangeiros que aí chegavam.

39. Alusão ao episódio do ciclope Polifemo (cf. *Odisséia* IX 192 ss.). Fiaces é um chefe de tribo geta.

40. Os henióquios habitavam a costa oriental do Mar Negro, ao norte da Cólquida. Dedicavam-se à pirataria e ao saque das costas limítrofes.

41. Caribde é um monstro marinho que destruía os navios no estreito de Messina.

42. Os aqueus são habitantes de uma colônia grega do Ponto Euxino que, pelo que diz Ovídio, deviam ser piratas dedicados à pilhagem (J. André, *op. cit.*, n.º 7, p. 171).

seunte: lá onde há pouco o remo abria caminho impulsando as ondas, o caminhante passa enxuto desprezando a nave. Os que chegam daí dizem que é difícil acreditar nisto. Quão desgraçado é quem sofre males demasiado cruéis para merecer crédito! Crê-me, no entanto, e não te deixarei ignorar por que o rigoroso inverno congela o mar dos sármatas.

Próxima a nós está a constelação que exibe a forma de um carro e os astros que produzem um frio extraordinário. Daqui vem o Bóreas, que é familiar a esta costa e adquire suas forças de um lugar mais próximo ainda. Ao contrário, o distante Noto, de sopro tíbio, vindo do pólo oposto, chega mais raramente e assaz debilitado. Acresce que aqui, no cerrado Ponto, desembocam rios e o mar perde sua força por causa de seu grande número. Até aqui fluem o Lico[43], o Ságaris[44], o Pênio[45], o Hípanis[46] e o Cales[47]; o Halis[48], que rodopia em numerosos turbilhões; o impetuoso Partênio[49], o Cinapses[50] que flui rolando pedras, o Tira[51], o mais lento de todos os rios e tu, Termodonte[52], conhecido pelo esquadrão de mulheres e tu, Fásis[53], visitado em outro tempo pelos heróis gregos; e o

---

43. O Lico, rio da Armênia, desemboca no Mar Negro, ao sul de Heracléia, cidade marítima do Ponto.
44. O Ságaris é um rio da Frigia.
45. Rio da Cólquida, que desemboca no Ponto, ao norte de Fásis.
46. Rio que desemboca no mar Negro.
47. Rio da Bitínia, ao sul de Heracléia.
48. O Hális é o rio mais longo da Ásia Menor, que atravessa a Capadócia e a Paflagônia e desemboca no Ponto Euxino.
49. Rio que separa a Paflagônia da Bitínia.
50. Rio que deságua no Ponto Euxino.
51. Rio da Sarmácia, que desemboca no Ponto, ao norte do Danúbio.
52. Pequeno rio da Ásia Menor que atravessa o país das Amazonas.
53. Rio da Cólquida que aparece na lenda dos Argonautas.

Diraspes[54], tão límpido com o Borístene[55] e o Melanto[56], que termina silenciosamente seu suave curso, e aquele que separa dois continentes, a Ásia e a irmã de Cadmo, e que corre entre ambas[57], e inúmeros outros, entre os quais o Danúbio, o maior de todos, resiste a que tu, Nilo, o avantajes[58]. Tal massa de água altera as ondas que ela amplia e não deixa que o mar conserve suas forças. E ainda, semelhante a um lago ou a uma tranqüila lagoa, sua cor mal azulada se dilui. Mantém-se na superfície a água doce que é mais leve que a do mar, à qual o sal que nela está mesclado dá um peso particular.

Se me perguntassem por que relatei isto a Pedão, ou de que me valeu dizê-lo em metros fixos, eu responderia: "Mantive distantes as minhas preocupações e enganei o tempo. Tal foi o fruto que me trouxe a hora presente. Escrevendo isto, livrei-me de minha dor habitual e não senti que estava no meio dos getas."

Tu, porém, não duvido que, celebrando Teseu em teus versos, dignificas teu argumento e imitas o herói que fazes reviver: ele não quer por certo que a amizade acompanhe somente os momentos tranqüilos. Embora seja um gigante por seus feitos, embora seja celebrado por ti como, com as palavras apropriadas, há nele algo, no entanto, digno de ser imitado por nós e cada um pode ser um Teseu em fidelidade. Eu não te peço que domes a ferro e clava os inimigos pelos quais o Istmo era quase

---

54. Rio da Cítia.
55. Rio da Sarmácia, que desemboca no Ponto.
56. Rio que desemboca no Ponto.
57. O rio que separa a Ásia da Europa, a irmã de Cadmo, é o Tânais, o atual Don.
58. Embora o Nilo seja bem mais longo que o Danúbio, costuma-se compará-los como rios de similar categoria (cf. *Tr.* III 10, 27).

intransponível, mas que dês prova de amizade: isto não é difícil para quem o quer. Que trabalho existe em não macular uma lealdade intacta? Tu, que permaneces constante com o amigo, não penses que estas palavras foram atiradas por alguém que se queixa.

11. A Galião

Crê-se que o destinatário desta breve epístola seja o retor Júnio Galião, membro do Círculo de Messala, onde teria feito amizade com Ovídio. Foi pai adotivo de Aneu Novato, irmão de Sêneca, o filósofo. Esta breve epístola tem como argumento lamentar a morte de sua esposa e desejar-lhe que seja feliz em um novo matrimônio.

Galião, seria para mim um delito quase inescusável não ter posto teu nome em meus poemas, porquanto tu também, recordo-o, banhaste com tuas lágrimas minhas feridas, causadas por uma lança divina. Oxalá que, abalado pela perda do amigo que te foi subtraído, tu não tivesses tido outro motivo para te lamentares! Não o quiseram assim os deuses que não julgaram ímpio despojar-te cruelmente de tua fiel esposa. Há pouco me chegou tua carta, mensageira de teu luto e li com lágrimas as tuas desgraças. No entanto, nem me atreveria eu, que sou mais insensato, a consolar um sábio nem a repetir-te as consabidas palavras dos doutos; por outro lado, suspeito que já há muito terminou a tua dor, se não de um modo racional, ao menos pelo tempo transcorrido. Enquanto chega até mim tua carta, enquanto a minha em paga percorre tantos mares e terras, transcorre um ano! É próprio de um determinado tempo proferir palavras de consolo, enquanto a dor segue seu curso e o enfermo pede ajuda. Quando, porém, o longo espaço transcorrido acalmou as feridas da alma, renova-as quem nelas toca de modo inoportuno. Acresce – e possa chegar-te meu presságio cumprido! – que é possível que já sejas feliz em um novo matrimônio.

12. A Tuticano

>O destinatário desta epístola, ao que parece, gozou de prestígio junto à família imperial. É autor de uma Feácia, poema que narra a passagem de Ulisses pelo país dos feácios. Tuticano e Ovídio eram amigos íntimos desde a infância. Através de conselhos, críticas e sugestões, corrigiam e aprimoravam seus textos. A escusa do poeta de não ter mandado nenhuma epístola ao amigo pelo fato de que seu nome metricamente não tem entrada no ritmo datílico do dístico elegíaco é puramente formal.

Amigo, o fato de que não sejas citado em meus livros se deve às características de teu nome; do contrário, eu não julgaria nenhum outro mais digno de tal honra, se é que minha poesia representa alguma honra. A lei do metro e a forma casual de teu nome opõem-se a esta homenagem e não há nenhum meio de te fazer entrar em meus ritmos. Envergonha-me, com efeito, dividir teu nome entre dois versos, de sorte que o primeiro o termine e o menor o comece. E envergonhar-me-ia se, no lugar em que há uma sílaba longa, a pronunciasse mais brevemente e te chamasse Tutícano. Tu poderias entrar em meu verso sob a forma de Tuticano, de modo que a primeira sílaba de longa passe a breve ou se alongue a que agora se pronuncia mais brevemente, ficando a segunda como longa, após prolongar sua duração. Se, porém, eu ousasse alterar teu nome com estes erros, rir-se-ia de mim e dir-se-ia com razão que perdi os sentidos.

Eis por que tive que diferir este dom que minha amizade te pagará com usura. Qualquer que seja a maneira de te designar, eu te cantarei e te enviarei meus poemas a ti, a quem quase desde minha infância conheci quando eras ainda um menino e, através de tantos anos que já vivemos ambos, foste amado por mim não menos que como um irmão é pelo outro. Tu foste um bom conselheiro, um guia e um companheiro quando eu dirigia com minha jovem mão bridas novas. Algumas vezes, ouvindo tuas críticas, corrigi meus livros; outras, graças a meu conselho, fizeste tu alguma emenda, quando as deusas do Piério te ensinaram a compor uma *Feácida* digna dos escritos meônios. Esta fidelidade, esta concórdia iniciada em nossa verde juventude, subsistiram sólidas até nossos brancos cabelos. Se isto não te comovesse, creria que tens o coração de duro ferro ou encerrado em impenetrável diamante. Faltariam, porém, a esta terra a guerra e o frio, dois flagelos que tem o Ponto abominável, e seria tíbio o Bóreas e gelado o Austro, e meu destino poderia ser mais suave, antes que teu coração se revele áspero para teu companheiro que caiu em desgraça. Longe esteja, e na realidade o está, esse cúmulo de minhas desgraças! Tu, ao menos pelos deuses dos quais o mais seguro é aquele sob cujo principado cresceu sem cessar a tua glória[59], procura que não abandone a minha nave a brisa esperada, protegendo o proscrito com teu contínuo afeto.

Perguntas-me de que te encarrego? Que eu morra, se é que te posso dizer isto, se é que pode morrer quem já está morto. Não sei o que fazer nem o que querer ou não querer, e conheço mal o que me interessa. Crê-me: a prudência é a primeira que abandona os desgraçados e a razão e o juízo fogem com a fortuna. Procura tu mesmo, eu te rogo, em que podes me ajudar e por qual caminho chegar à realização de meus votos.

....

59. Refere-se ao Principado de Augusto e indiretamente parece aludir ao fato de que Tuticano tivera boas relações com a família imperial.

13. A Caro

Preceptor dos filhos de Germânico, Caro é autor de uma *Heracleida*, cujo conteúdo era o ressentimento de Juno contra Alcmena, de cuja união com Júpiter havia nascido Hércules. Esta epístola foi escrita no sexto inverno que passa Ovídio em Tomos, portanto no inverno do ano 14 ao 15 (cf. v. 39-40).

Ó Caro, a quem devo recordar entre meus amigos seguros, tu que tens por nome o que és, na realidade, eu te saúdo! De onde estás sendo saudado, à primeira vista, o tom e a estrutura de meu poema poderiam ser um índice para ti, não porque seja admirável, mas porque ao menos não é comum: qualquer que seja seu valor, percebe-se que é de minha autoria. Eu também, ainda que suprimisses o título do frontispício de teus escritos, creio que poderia dizer que a obra é tua. Mesmo quando estejas colocado entre muitos livros, poderás ser reconhecido e descoberto por teus traços característicos. Delatarão o autor as forças que sabemos dignas de Hércules e iguais às daquele que tu mesmo cantas. E minha Musa, atraiçoada por seu tom pessoal, pode talvez fazer-se notar por seus defeitos. A fealdade impedia Térsites de passar despercebido tanto quanto por sua beleza Nireu fazia-se notar[60]. E não será preciso que te surpreendas se têm defeitos os versos que componho quase como poeta gético. Ah! Envergonha-me, pois escrevi um livro em

---
60. Nireu, rei da ilha de Samos, é, segundo a *Ilíada*, o mais formoso soldado grego, depois de Aquiles.

língua gética e dispus palavras bárbaras segundo nossos ritmos. E agradei – felicita-me! – e comecei a ter fama de poeta entre os selvagens getas. Perguntas o tema? Louvores: falei do César! Minha novidade foi ajudada pela divindade. Mostrei-lhes, pois, que o corpo do venerável Augusto era mortal, mas que sua essência divina rumara para as mansões etéreas e que é igual em virtude a seu pai aquele que, cedendo aos rogos, tomou as rédeas do Império, que amiúde havia recusado; que tu és, Lívia, a Vesta das castas matronas, tu de quem não se sabe se és mais digna de teu filho ou de teu marido; que há dois jovens, sólidos apoios de seu pai, que deram provas seguras de seu valor.

Quando acabei de ler este escrito inspirado por uma Camena estrangeira e me chegou aos dedos a última folha, todas as cabeças se agitaram ao mesmo tempo que os carcases cheios de flechas e houve um longo murmúrio na boca dos getas. Disse um deles: "Uma vez que tu escreves isto sobre o César, por ordem dele deverias ser repatriado." Assim falou ele, Caro, porém a mim, relegado sob o nevado pólo, me contempla já o sexto inverno. De nada me servem meus poemas: prejudicaram-me em outro tempo e foram o principal motivo de tão miserável desterro. Tu, ao contrário, pelos laços comuns do sagrado estudo, pelo nome não vão para ti da amizade – oxalá Germânico, fazendo prisioneiro o inimigo com cadeias latinas, ofereça argumento ao teu talento! oxalá prosperem, é o voto comum dos deuses, os seus filhos cuja educação, para tua grande glória, foi confiada aos teus cuidados! –, emprega toda a influência que puderes em favor de minha salvação, que não existirá senão com uma mudança de lugar.

14. A Tuticano

> Esta epístola serve como desenvolvimento da IV 12, dirigida ao mesmo Tuticano e tem como escopo precípuo implorar uma nova plaga para cumprimento de sua pena.

Esta carta é enviada a ti a quem me lamentei há pouco num poema que não tinhas o nome apropriado para meus ritmos. Nela não encontrarás nada que te apraza, a não ser que até agora e de qualquer modo estou bem de saúde. A própria saúde, porém, me é também odiosa e meu voto supremo é partir não importa para onde longe destes lugares. Não me preocupo em saber aonde serei enviado ao deixar esta terra, porque qualquer outra será mais aprazível que esta que contemplo. Enviai minhas velas para o meio das Sirtes[61], para o meio de Caribde, contanto que me veja livre do país em que me encontro. Até o Estige, se existe, seria permutado de bom grado com o Istro, ou algo mais profundo que o Estige que tenha o mundo. O campo cultivado detesta menos as más ervas e a andorinha o frio que Nasão os lugares próximos aos getas adoradores de Marte. Os habitantes de Tomos se irritam comigo por causa dessas palavras e a ira pública é suscitada por meus versos. Assim, pois, não deixarei jamais de prejudicar-me por culpa de meus

---

61. As Sirtes são dois recifes na costa norte da África entre Cirena e Cartago, a Grande Sirte ou Golfo de Sidra e a Pequena Sirte ou Golfo de Gabes. Suas costas ofereciam enorme perigo para a navegação.

versos e me verei sempre castigado por meu imprudente talento? Hesito, pois, em cortar os dedos para não mais escrever e sou ainda louco para ser seduzido pelas armas que me feriram? De novo me desvio para os velhos escolhos e para as águas em que minha náufraga nave encalhou? Não pratiquei, porém, nenhum delito, não cometi nenhuma falta, habitantes de Tomos, que eu amo, conquanto deteste até a morte vosso país. Que alguém examine o produto de meu trabalho: meus escritos não se queixaram em nada de vós! Queixo-me do frio, das incursões temíveis de todos os lados e de que as muralhas sejam batidas pelo inimigo. Contra os lugares, não contra as pessoas, dirigi exprobrações mui justificadas. Vós mesmos culpais também amiúde o vosso solo.

A Musa do velho agricultor atreveu-se a ensinar quão detestável era sua Ascra em toda estação; quem o escreveu havia nascido nessa terra e, nada obstante, Ascra não se enfureceu contra seu poeta. Quem amou mais a sua pátria que o astuto Ulisses? Nada obstante, foi por suas indicações que se conheceu a aspereza do lugar[62]. O homem de Cépsis[63] atacou em seus escritos amargos não os lugares, mas os costumes ausônios e Roma, ao ser acusada, suportou, nada obstante, com serenidade de espírito essas injustas repreensões e essa língua terrível não trouxe prejuízo ao seu autor. Um intérprete malevolente, porém, excita contra mim a cólera do povo e invoca contra meus poemas uma nova acusação. Oxalá eu fosse tão afortunado quanto meu coração é puro! Até ago-

---

62. Alusão à qualificação de Ítaca pelo próprio Ulisses como "ilha rochosa" (cf. *Ilíada* III 201 e *Odisséia* I 247).

63. Metrodoro nasceu em Cépsis, cidade da Mísia, na Ásia Menor. É um historiador conhecido por sua acentuada hostilidade contra Roma.

ra ninguém foi ferido por minha boca. Acresce que, mesmo se fosse mais negro que o pez ilírico, não deveria atacar um povo fiel. Minha sorte, acolhida amavelmente por vós, habitantes de Tomos, revela que homens tão acolhedores são gregos. Meu povo peligno e Sulmona, minha comarca familiar, não teriam sido capazes de suavizar melhor as minhas desgraças. Essa honra, que dificilmente concederíeis a alguém que gozasse da plenitude de seus direitos, ma outorgastes a mim recentemente. Até agora, em vossas plagas, só eu estou isento de impostos, fora aqueles que gozam deste privilégio da lei. Minhas têmporas foram cingidas com uma coroa sagrada que me impôs o favor popular contra a minha vontade[64]. Assim como a terra de Delos, a única que lhe deu em seu errar um asilo seguro, apraz a Latona[65], do mesmo modo eu amo Tomos que a mim, que estou exilado de minha pátria, me manteve até hoje sua fiel hospitalidade. Oxalá apenas tivessem feito os deuses que ela pudesse abrigar a esperança de uma paz tranqüila e que estivesse mais afastada do pólo glacial!

....
64. Alusão à sua nomeação de agonóteta, ou presidente das festas de Tomos.
65. Latona, perseguida por Juno, que tinha ciúmes dela, por haver gerado de Júpiter dois gêmeos, Diana e Apolo, andava errante pela terra em busca de onde dar à luz. Ninguém queria acolhê-la, por medo das represálias de Juno, a não ser Delos, que se tornaria seu lugar predileto, bem como o de seus filhos.

15. *A Sexto Pompeu*

> Esta epístola, composta após a morte de Augusto, teria sido originalmente concebida como epílogo deste volume, como a outra, dedicada ao mesmo personagem, o abre como prólogo.

Se alguém em algum lugar não se olvidou ainda de mim e pergunta o que é que faço eu, Nasão, em meu desterro, saiba que devo a vida aos Césares e a salvação a Sexto. Depois dos deuses, este será para mim o primeiro.
5 Se, pois, considero todos os instantes de minha desventurada existência, nenhum deles está privado de seus benefícios. Estes são tão numerosos quanto os grãos de romã que enrubescem sob seu flexível córtex num jardim de solo fértil, quanto as messes que produz a África, quanto
10 os rácemos, a da terra de Tmolo[66], quanto as oliveiras, Sicione[67], quanto os favos de mel, o Hibla. Eu o reconheço: tu podes atestá-lo. Firmai-o, Quirites! Não é necessária a força das leis: digo-o por mim mesmo. Conta-me também a mim, que sou pouca cousa, em teu patrimônio: eu sou
15 uma parte, embora pequena, de teus bens. Como tua é a terra de Trinácria e aquela onde reinou Filipe[68], como tua

---

66. Tmolo é um monte da Lídia, na Ásia Menor, sobre cujas encostas se situava a cidade de Sardes, conhecida por seus vinhedos e, obviamente, por seu vinho.
67. Sicione, cidade do Peloponeso situada na costa setentrional de Corinto, era famosa por suas oliveiras.
68. Alusão a alguma propriedade de Sexto Pompeu na Macedônia, onde fora governador.

é a mansão contígua ao Foro de Augusto, como tua é a Campânia, terra agradável aos olhos do dono, como são teus os haveres que tu herdaste ou adquiriste, Sexto, do mesmo modo a ti pertenço eu, triste dom que te impede de dizer que não tens nenhuma posse no Ponto. Oxalá te seja concedido um dia um solo mais amigável e possas pôr tua posse num lugar melhor!

Posto que isto dependa dos deuses, esforça-te por aplacar através de teus rogos a divindade que veneras com tua contínua piedade. Na verdade custa-me discernir se tu és mais uma prova do meu equívoco ou uma ajuda. Não te imploro porque duvide de ti, porém amiúde remando num rio a favor da corrente se aumenta o curso da água que flui. Tenho vergonha, receio pedir-te sempre o mesmo e que se insinue em tua alma um justo enfado. Que fazer, no entanto? O desejo não tem medida. Perdoa-me este defeito meu, indulgente amigo. Amiúde, desejando escrever sobre outros assuntos, de novo caio nas mesmas idéias: minha própria carta, por si mesma, pede outro lugar. No entanto, seja porque teu crédito não deva ficar sem efeito, seja porque a cruel Parca me ordene a morrer sob o pólo glacial, recordarei sempre os teus favores com minha mente que não olvida e minha terra escutará que eu sou teu. E todas as terras situadas sob algum céu o ouvirão, desde que minha Musa consiga esquivar-se dos selvagens getas, e saberão que tu és o motivo e o guardião de minha salvação, e que eu sou teu sem necessidade de que me compres.

16. A um invejoso

Nada se sabe sobre o destinatário desta última epístola da coletânea. Pensou-se que, mais que de uma pessoa concreta, pudesse tratar-se de um destinatário geral, representando todos aqueles que teriam adotado uma atitude hostil contra o poeta.

À exceção dos versos iniciais e dos finais, no resto do poema Ovídio apresenta um catálogo de poetas contemporâneos, no estilo do contido no livro II dos *Tristia*. A relação compreende trinta nomes: Domício Marso, Rabírio, Pompeu Macro, Albinovano Pedão, Caro, Cornélio Severo, os dous Priscos, Numa, Júlio Montano, Sabino, Largo, Camerino, Tusco, Pôntico, Mário, Trinácrio, Rutílio Lupo, Tuticano, Rufo, Turrânio, Gaio Melisso, Vário Rufo, Graco, Próculo, Pásser, Grácio Falisco, Fontano, Capela e Cota Máximo. Por último, Ovídio cita-se a si mesmo como poeta, contra quem a inveja nada poderá fazer.

Invejoso, por que rasgas os versos do arrebatado Nasão? O dia supremo não costuma prejudicar o talento e a fama aumenta após as cinzas. Eu tinha já um nome quan-
5 do era contado entre os vivos: quando existiam Marso[69] e Rabírio de acento sublime[70], Macro, cantor de Ílio e o divino Pedão, e Caro que com seu *Hércules* teria ofendido a Juno, se aquele deus não tivesse sido já o genro desta; e Severo, que deu ao Lácio um canto real, e os dous
10 Priscos[71] com o engenhoso Numa[72]; e tu, Montano[73], que

....
69. Domício Marso, autor de epigramas, de uma epopéia, a *Amazônida* e de um tratado *De urbanitate* (H. Bardon, *La littérature latine inconnue* II, pp. 52-7).
70. Rabírio, poeta épico que cantou as guerras entre Otávio e Antônio (*id. ibid.*, pp. 73-4).
71. Sobre os dous Priscos, praticamente nada se sabe.
72. Sobre o poeta Numa, nada se sabe.
73. Júlio Montano é um poeta épico e elegíaco, como bem esclarece o próprio Ovídio (*id. ibid.*, pp. 59-60).

demonstras tua habilidade tanto nos metros desiguais
como nos iguais e que tens fama nos dous tipos de versos; e Sabino[74], que ordenou a Ulisses, errante pelo impiedoso mar durante dous lustros, responder a Penélope e
que deixou inacabada sua *Trezena* e sua obra dos dias
por causa de sua morte prematura; e Largo[75], assim chamado pelo sobrenome de seu talento, que conduziu o ancião frígio aos campos da Gália; e Camerino[76], que canta Tróia após a derrota de Heitor; e Tusco[77], famoso por
sua *Fílide*; e o poeta do velívolo mar[78], graças ao qual se
poderia crer que os deuses azulados compuseram seus
poemas; e aquele que cantou os exércitos líbios e as
batalhas romanas[79]; e Mário[80], escritor hábil em todos os
gêneros literários; e o autor trinácrio[81] da *Perseida*, e

74. Sabino é um poeta do qual Ovídio cita três obras: a resposta de Ulisses à carta que lhe dirige Penélope nas *Heróides*; uma segunda obra, *Trisomen* (nome grego, talvez, de alguma amada do poeta) ou *Troezen* (alusão, talvez, à cidade argólica de Trêzen, pátria de Teseu) e uns *Fastos*, que deixou inacabados (*id. ibid.*, pp. 60-1).

75. Largo é autor de um poema épico, que contava a partida do velho Antenor de Tróia, após sua queda, e sua chegada à Itália Cisalpina, através da Macedônia e da Ilíria, e seu estabelecimento em Pádua, da qual seria o fundador (*id. ibid.*, pp. 66-7).

76. Camerino é autor de uma poema, *Posthomerica*, que compreenderia os fatos posteriores à morte de Heitor até a queda de Tróia (*id. ibid.*, p. 68).

77. Tusco ("o etrusco") escreveu um poema intitulado *Fílide*, que cantava os amores desta heroína e do filho de Teseu, Demofonte, cantados na segunda carta das *Heróides* de Ovídio, e que antes havia inspirado também a Calímaco (*id. ibid.*, p. 61).

78. Este "poeta do velívolo mar" é, talvez, Pôntico, autor de uma *Tebaida*, citado por Propércio (I 7), que teria composto, igualmente, algum poema épico sobre uma batalha naval.

79. Poeta anônimo, que compôs um poema épico sobre as conquistas romanas na África, assim como a tomada de Cartago ou a Guerra de Jugurta.

80. Este Mário é um poeta desconhecido.

81. Trinácrio parece ser o sobrenome, mais que o nome, de um poeta natural da Sicília. Autor de uma *Perseida*, poema épico cujo conteúdo se desconhece, que trataria, talvez, da lenda de Perseu ou a narração das guerras persas.

Lupo[82], autor do regresso do tantálida e da tintárida; e aquele que traduziu a *Feácia* meônia, e tu também, Rufo[83], tangedor único da pindárica lira; e a Musa de Turrânio[84] apoiada sobre os trágicos coturnos; e tua Musa, Melisso[85], com seus leves socos; quando Vário[86] e Graco[87] formulavam graves acusações contra os tiranos, Próculo[88] seguia o doce caminho de Calímaco e Pásser[89] fazia regressar a Títiro aos antigos prados e Grácio[90] dava ao caçador as armas apropriadas, Fontano cantava as Náiades amadas pelos Sátiros[91] e Capela encerrava suas palavras em me-

....

82. Lupo, talvez o conhecido retor Rutílio Lupo, é autor de um poema que tinha por argumento o regresso de Menelau a Esparta.

83. Não se sabe se este Rufo é o destinatário da *P.* II 11 e do qual Ovídio só nos diz que era imitador da poesia pindárica.

84. Este Turrânio, autor de tragédias, nos é desconhecido.

85. Gaio Melisso era um escravo que chegou a ser secretário de Mecenas, e a quem este concedeu a liberdade. Fez parte do Círculo de Mecenas junto com Virgílio, Horácio, Vário e Tuca. Augusto o nomeou administrador das bibliotecas do Pórtico de Otávia. Foi um escritor polifacético, que cultivou tanto a gramática como outros gêneros literários. Escreveu 150 livros de *Ineptiae* ou *Ioci*; o que lhe valeu, porém, a fama foi seu talento dramático, na composição de *trabeatas*, isto é, togatas em que os protagonistas eram cavaleiros romanos que usavam, como se sabe, a *trabea* (*id. ibid.*, pp. 49-52).

86. Vário Rufo, outro integrante do Círculo de Mecenas e grande amigo de Virgílio, de quem foi editor. Autor do poema *De morte*, dedicado, talvez, à morte de César, e de um *Panegírico de Augusto*. Sua obra mais conhecida, porém, é a tragédia *Tiestes* (*id. ibid.*, pp. 28-34 e 48-9).

87. O tragediógrafo Graco é também autor de uma peça intitulada *Tiestes*, de uma *Atalante* e de outra chamada *Peliades* (*id. ibid.*, pp. 48-9).

88. Próculo é um poeta elegíaco, imitador dos poetas alexandrinos, em particular de Calímaco (*id. ibid.*, p. 59).

89. Pásser dever ser o nome de um poeta bucólico, imitador, talvez, da poesia de Teócrito e da de Virgílio.

90. Grácio Falisco é o autor de uma *Cynegetica*, poema sobre a caça com cães, da qual se conservam 541 hexâmetros e, ao que parece, autor também de um poema bucólico (*id. ibid.*, pp. 58-9).

91. Fontano é um poeta desconhecido. Pelo que nos diz Ovídio, seria autor de poemas elegíacos e dramas satíricos ou pastoris (*id. ibid.*, pp. 58-9).

tros desiguais[92]. Havia muitos outros, cujos nomes seria mui moroso relacionar e cujos versos estão em todas as mãos; havia também os jovens cuja obra ainda inédita não me permite citar. Eu não me atreveria, no entanto, a deixar-te na multidão sem te nomear, Cota Máximo, luz das Piérides e sustento do Foro[93], a quem uma dupla nobreza deu maternos Cotas e paternos Messalas.

Se me for permitido dizê-lo, minha Musa, entre tão grandes autores, tinha um nome preclaro e encontrava leitores. Deixa, portanto, Inveja, de insultar um homem banido de sua pátria e não disperses, cruel, as minhas cinzas! Tudo perdi, só me foi deixada a vida para oferecer sentido e matéria à minha desgraça. De que adianta cravar o ferro em membros extintos? Não há mais em mim lugar para uma nova ferida.

---

92. Capela é outro poeta elegíaco desconhecido.
93. Cota Máximo é incluído aqui por Ovídio como poeta, fechando seu catálogo. Cota, porém, foi mais famoso como orador que como poeta.

Bibliografia

ALBRECHT, M. V. "Ovide, imitateur de Tibulle", *Les Etudes Classiques*, 51, 1983, pp. 117-24.
ALEXANDER, W. H. "The *culpa* of Ovid", *Classical Journal* 53, 1958, pp. 319-325.
ALFONSI, L. "Il probleme dell'origine dell'elegia latina", *Studi Urbinati di Storia, Filosofia e Letteratura, 39*, 1965, pp. 354-65.
ARGENIO, R. "La più bella elegia ovidiana dell'esilio", *Rivista di Studi Classici*, 7, 1959, pp. 141-51.
____. "Retorica e mitologia nelle poesie ovidiane dell'esilio", *Fons Perennis*. Saggi Critici di Filologia Classica Raccolti in Onore del Prof. Vittorio D'Agostino, Turim, 1971, pp. 51-79.
ARISTÓTELES, HORÁCIO, LONGINO. *A Poética Clássica* (introdução de Roberto de Oliveira Brandão; tradução do grego e do latim de Jaime Bruna), São Paulo, Cultrix, 1997.
ARNALDI, F. "Il mondo poetico di Ovidio", *Studi Romani*, 6, 1958, pp. 389-406.
____. "La retorica nella poesia di Ovidio", *Ovidiana, Recherches sur Ovide*, Paris, 1958, pp. 23-31.
BALIGAN, G. "L'esilio di Ovidio", *Atti del Convegno internazionale ovidiano di Sulmona del 1958*, Istituto di Studi Romani, Roma, 1959, pp. 49-54.
BARDON, H. "Ovide et le baroque", *Ovidiana, Recherches sur Ovide*, Paris, 1958, pp. 75-100.
BAYET, J. *Littérature latine*, Paris, Armand Colin, 1962.
BLOCK, E. "Poetics in exile. An analysis of *Epistulae ex Ponto* 3, 9", *California studies in Classical Antiquity*, 13, 1982, pp. 18-27.
BOISSIER, G. "L'exil d'Ovide", *Revue des Deux Mondes*, 69, 1867, pp. 580-612.
BOUCHER, J. P. "Le style élégiaque", *Bulletin de la Faculté des lettres de Mulhouse,* 10, 1980, pp. 203-10.

BOUYNOT, Y. *La poésie d'Ovide dans les oeuvres de l'exil* (Tese de dout.), Paris, 1956.
BUCHERT, B. T. "The reasons for Ovid's banishment", *Akroteron*, 19, 1974, pp. 44-9.
CALLIMAQUE. *Epigrammes, Hymnes* (Texto estabelecido e traduzido por Emile Cahen), Paris, Belles Letres, 1925.
CARCOPINO, J. "Les raisons religieuses de l'exil d'Ovide", *Revue de l'Histoire des Religions*, 165, 1964, pp. 132 ss.
____. "El destierro de Ovidio, poeta neopitagórico", *Contactos entre la historia y la literatura romanas*, Madri, 1965, pp. 41-142.
CARDOSO, Zelia de Almeida. *A literatura latina* (Ed. rev.), São Paulo, Martins Fontes, 2003.
CASQUERO, M. A. M. "Epistolografia romana", *Helmantica*, Salamanca, tomo 34, 1983, pp. 103-5, 337-406.
CASTILLO, C. "La epistola como género literario de la Antigüedad a la Edad Media Latina", *Estudios Classicos*, Madri, 18 (73), 1974, pp. 427-42.
COCCHIA, E. "La relegazione di Ovidio a Tomi", *Atti dell'Accademia di Archeologia, Lettere e Belle Arti di Napoli* 12, 1902, pp. 1-45.
CONTE, G. B. *Memoria dei poeti e sistema letterario*, Turim, Einaudi, 1974.
____. *Latin literature: a history*, Baltimore, The Johns Hopkins UP, 2.ª ed., 1999.
CORSARO, F. "Sulla relegatio di Ovidio", *Orpheus*, 15, 1968, pp. 5-49.
CORTE, F. Della. *Ovidio. I. Pontica – Volume Secondo. Commento*, Gênova, Tilcher-Genova, 1965.
____. "La Gigantomachia di Ovidio", *Studi filologici e storici in onore de V. de Falco*, Nápoles, 1971, pp. 435-45.
COSTA, A. *Temas Clássicos*, São Paulo, Cultrix, 1979.
COUSIN, J. "Nature et mission du poète dans la poésie latine: Ovide", *Revue des Cours et Conférences*, 1938, pp. 735-52.
CRAHAY, R. "La vision poétique d'Ovide et l'esthétique baroque", *Atti del Convegno Internazionale Ovidiano*, t. 1, Roma, 1959, pp. 91-100.
CUMONT, F. "Les raisons religieuses de l'exil d'Ovide", *Revue de l'Histoire des Religions*, 165, 1964, pp. 132-9.
CUNNINGHAM, M. P. "Ovid's Poetics", *Classical Journal*, 53, 1957-58, pp. 253-9.
CUPAIUOLO, P. *Itinerario della poesia latina nel I secolo dell'Imperio*, Nápoles, Rist, 1978.
DAVISSON, M. T. "*Duritia* and creativity in exile: *Epistulae ex Ponto 4, 10*", *Classical Antiquity*, 1982, pp. 28-42.
DE FALCO, V. e COIMBRA, A. (org. e trad.). *Os Elegíacos gregos: de Calino a Crates*, Brusco & Cia., São Paulo, 1941.

DEFRADAS, J. *Les Elégiaques Grecs*, Paris, PUF, 1962.
____. *La littérature grecque*, Paris, Librairie Armand Colin, 1964.
DUPOUY, A. *Rome et les lettres latines*, Paris, Colin, 1924.
ELIA, S. "Lineamento dell'evoluzione stilistica e ritmica nelle opere ovidiane", *Atti del Convegno Internazionale Ovidiano*, t. 2, 1959, pp. 377-95.
FAVEZ, C. "Les Gètes et leur pays vus par Ovide", *Latomus*, Bruxelles, 1951, pp. 425-32.
GALLETIER, E. "Les préoccupations littéraires d'Ovide pendant son exil", *Revue des Études Ancieus*, 43, 1940, pp. 401-47.
GOOLD, G. P. "The cause of Ovid's exile", *Illinois Classical Studies*, 8, 1983, pp. 94-107.
GRIMAL, P. *Le lyrisme à Rome*, Paris, PUF, 1978.
____. *Dictionnaire de la mythologie grecque et romaine*, Paris, PUF, 1951.
____. *La littérature latine*, Paris, PUF, 4.ª ed., 1988.
____. "Introduction à l'élégie romaine" *L'élégie romaine: diffusion, enraciment, thèmes*, Paris, 1980.
GUDEMAN, A. *Historia de la literatura latina*, Barcelona–Buenos Aires, Labor, 1926.
HARVEY, P. *Dicionário Oxford de Literatura Clássica grega e latina* (tradução de Mário Gama Kury), Rio de Janeiro, Jorge Zahar Editora, 1987.
HERESCU, N. I. "Ovide, le premier poète roumain", *Acta Phiologica I*, 1958, pp. 5-8.
____. "Poeta Getes", *Ovidiana, Recherches sur Ovide*, Paris, 1958, pp. 404-5.
____. "Ovide, le Gétique" (Pont. IV 13, 18: paene poeta Getes), *Atti del Convegno internazionale ovidiano di Sulmona del 1958*, pp. 55-80.
____. "Le sens de l'épitaphe ovidienne", Paris, *Ovidiana, Recherches sur Ovide*, 1958, pp. 415-20.
HERRMANN, L. "La faute secrète d'Ovide", *Revue Belge de Philologie et Histoire*, 17, Bruxelas, 1938, pp. 695-725.
____. "Nouvelles recherches sur la faute secrète d'Ovide", *Revue Belge de Philologie et Histoire*, 43, Bruxelas, 1965, pp. 40-52.
HIGHAM, T. F. "Ovid and Rhetoric", *Ovidiana, Recherches sur Ovide*, Paris, 1958, pp. 32-48.
HOLLEMAN, A. W. J. "Ovid and politics", *Historia*, 20, 1971, pp. 458-66.
HORÁCIO. *Arte Poética*, Livraria Clássica Editora A. M. Teixeira, Lisboa, 1991.
KENNEY, E. J. "The poetry of Ovid's exile", *Proceedings of the Cambridge Phylology Society II*, 1965, pp. 37-49.

KNIGHT, W. F. "Ovid's metre and rhythm", *Ovidiana, Recherches sur Ovide,* Paris, 1958, pp. 106-20.
LAMBRINO, S. "Tomes, cité gréco–gète chez Ovide", *Ovidiana, Recherches sur Ovide,* Paris, 1958, pp. 379-90.
LASCU, N. *Ovide. Le Poète exilé à Tomi,* Musée d'Archéologie de Constantza (s/d).
LAUSBERG, H. *Manual de retórica literaria,* Gredos, Madri, 1985.
LAVRAND, L. *História da Literatura Grega Clássica,* São Paulo, Editora Anchieta, 1946.
LECHI, F. "La palinodia del poeta elegiaco: i carmi ovidiani dell'esilio", *Atene et Roma,* 23, 1978, pp. 1-22.
LEGRAND, P. *La Poésie Alexandrine,* Paris, Payot, 1924.
LEONI, G. D. *A literatura de Roma,* São Paulo, Livraria Nobel, 1969.
LIEBERG, G. "Ovide et les muses", *Les Études Classiques,* 48, 1980, pp. 3-22.
LOZOVAN, E. "Ovide et le bilinguisme", *Ovidiana, Recherches sur Ovide,* Paris, 1958, pp. 396-405.
_____. "Réalités pontiques et necessités littéraires chez Ovide", *Atti del Convegno internazionale ovidiano di Sulmona del 1958,* Roma, pp. 355-70.
_____. "Ovide, agonothète de Tomes", *Revue des Études Latins,* 39, Paris, 1961, pp. 172-81.
MAGUINESS, W. S. "Bimillennial reflections on Ovid", *Greece & Rome* 5, 1958, pp. 1-12.
MARACHE, R. "La révolte d'Ovide exilé contre Auguste", *Ovidiana, Recherches sur Ovide,* Paris, 1958, pp. 412-19.
MARCOVICH, M. "Qué fin perseguía Ovidio en su epitafio?", *Humanidades,* 2, 1960, pp. 407-16.
MARIOTTI, S. "La carriera poetica di Ovidio", *Belfagor,* 12, 1957, pp. 609-35.
MAROT, K. "L'esilio di Ovidio", *Acta Antiqua Academiae Scientiarum Hungaricae,* 3, 1955, pp. 223-32.
MAROUZEAU, J. *Traité de stylistique latine,* Paris, Belles Lettres, 1970.
NARDI, C. "Un misterio difficile a svelare: perchè Ovidio fu relegato a Tomi da Augusto?", *L'Eloquenza,* 46, 1956, fasc. 10-12 e em *Atti del Convegno internazionale ovidiano di Sulmona del 1958,* Roma, 1959, pp. 49-54.
NORWOOD, F. "The riddle of Ovid's relegation", *Classical Philology,* 58, 1963, pp. 150-63.
OVIDE. *Tristes* (Texto estabelecido e traduzido por Jacques André), Paris, Les Belles Lettres, 1968.

OVIDE. *Les Tristes – Les Pontiques – Ibis – Le Noyer – Halieutiques* (Nova tradução, notas e texto estabelecidos por E. Ripert), Paris, Librairie Garnier Frères, 1924.
OVIDE. *Pontiques* (Texto estabelecido e traduzido por Jacques André), Paris, Les Belles Lettres, 1977.
OVÍDIO. *Os Remédios do Amor – Os Cosméticos para o rosto da mulher* (Tradução, introdução e notas: Antônio da Silveira Mendonça), São Paulo, Nova Alexandria, 1994.
PEETERS, F. "Ovide et les études ovidiennes actuelles", *Ovidiana, Recherches sur Ovide*, Paris, 1958, pp. 541-50.
PICHON, R. *Histoire de la littérature latine*, Paris, Hachette (s/d).
PLESSIS, F. *La poésie latine*, Paris, Klincksieck, 1909.
PUBLIO OVIDIO NASÓN. *Epístolas desde El Ponto* (Introdução, versão rítmica e notas de José Quiñones Melgoza), Cidade do México, Universidad Autónoma de México, 1978.
RIPERT, E. *Ovide, poète de l'amour, des dieux et de l'exil*, Librairie Garnier Frères, Paris, 1921.
RUIZ DE ELVIRA, A. "Las *Metamorfosis* de Ovidio", *Estudios de literatura latina* (Cuadernos de la Fundación Pastor), Madri, 1969, pp. 110-15.
____. *Mitologia Clasica*, Madri, Gredos, pp. 491-92.
SALANITRO, A. "Contributo all'interpretazione dell'error de Ovidio", *Mondo Classico*, 11, 1941, pp. 254-71.
SCARPAT, G. "L'Epistolografia", *Introduzione allo studio della Cultura Classica I*, Milão, Marzorati, 1972, pp. 473-512.
____. "La lettera nell'antiquità", in Rinaldi e De Benedetti (org.), *Introduzione al Nuovo Testamento*, Brescia, Morcelliana, 1961, pp. 540-55.
SOTO, V. L. *Dicionario de autores, obras y personajes de la literatura griega*, Barcelona, Editorial Juventud (s/d).
SPALDING, T. *Pequeno dicionário de Literatura Latina*, São Paulo, Cultrix, 1976.
SYKUTRIS, J. Epistolographie. *R – E Suppl* 5, 1931, pp. 185-220.
TOVAR, A . "El poeta Ovidio en su milenario", *Humanitas 7*, 1959, pp. 13-33.
VÁSQUEZ, J. G. *Tristes. Pónticas* (Introdução, tradução e notas), Madri, Gredos, 1992.
VULIKH, N. V. "La révolte d'Ovide contre Auguste", *Les Études Classiques*, 36, 1968, pp. 370-83.
ZIELINSKI, T. "Les derniers jours d'Ovide en Dobrudja: réalité et légende", *Revista classica*, 1939-40, pp. 16-28.